W0373921

ZYPERN
Insel der Aphrodite

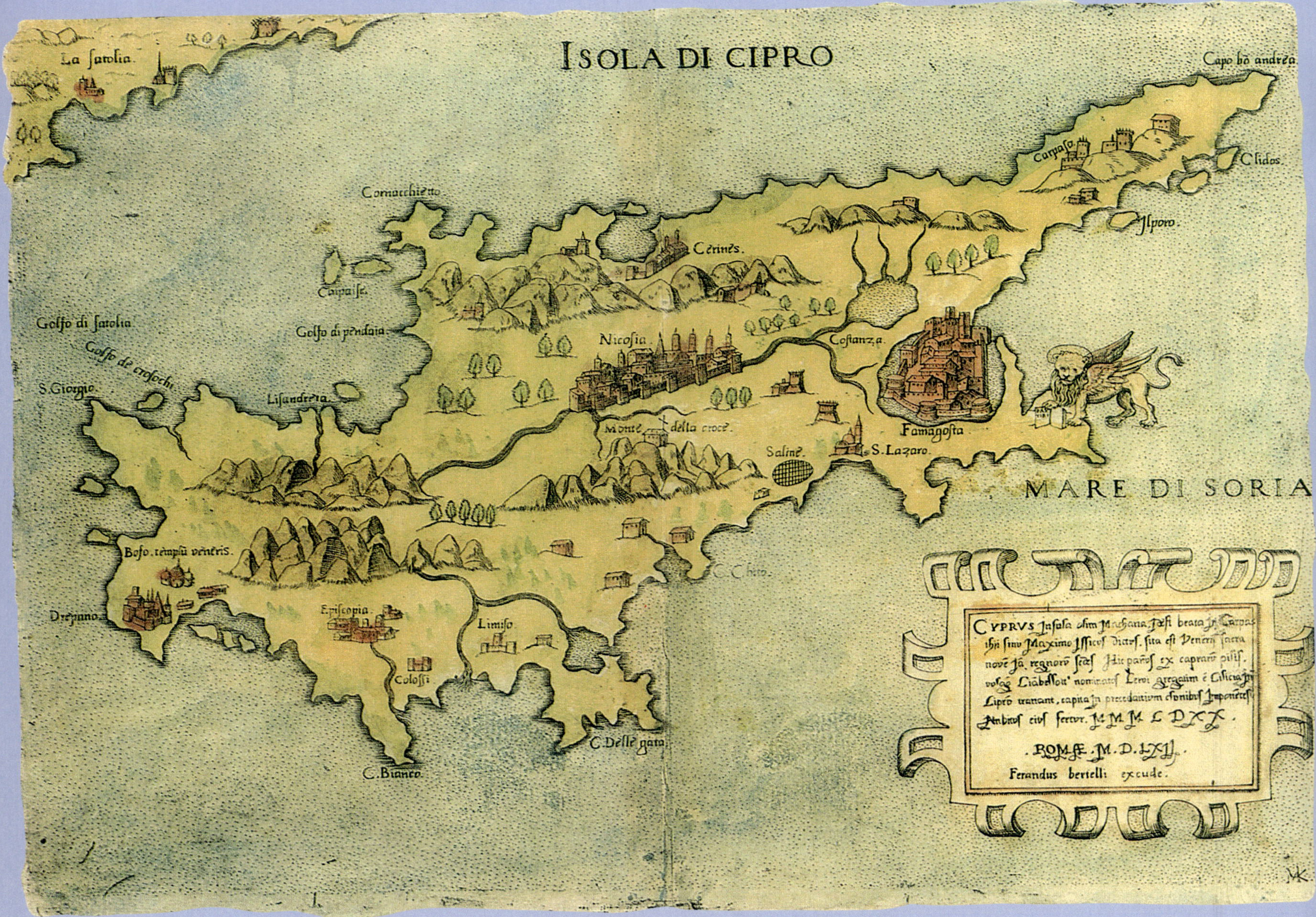
ISOLA DI CIPRO
La satolia
Capo bō andrea
Carpaso
Clidos
Ilporo
Cornacchietto
Cerines
Caipaise
Golfo di satolia
Golfo di pendaia
Golfo de crosochi
S. Giorgio
Nicosia
Costanza
Famagosta
Lisandreta
Monte della croce
Saline
S. Lazaro
MARE DI SORIA
Bofo. tempiū veneris
Drepano
Episcopia
Limiso
Colossi
C. Bianco
C. Delle gata
ROMÆ. M. D. LXII.
Ferandus bertelli excude.

TEXT UND FOTOGRAFIE

KLAUS GALLAS

ZYPERN

INSEL DER APHRODITE

BelserVerlag

Abb. Seite 2:
Historische Karte von Zypern aus dem Jahre 1561
von Fernandus Bertelli

Für meine zypriotischen
Freunde in Keláki

Bibliografische Information der Deutschen Bibliothek.
Die Deutsche Bibliothek verzeichnet diese Publikation in der Deutschen Nationalbibliografie; detaillierte bibliografische Daten sind im Internet abrufbar. http://www.dnb.ddb.de

© 2004 by Belser AG für Verlagsgeschäfte & Co. KG, Stuttgart
Alle Rechte vorbehalten

Lektorat: Regine Weisbrod, Mainz
Korrektur: Monika Dietrich, Mainz
Graphische Gestaltung, Satz und Produktion:
Buchherstellung Dotzauer, Stuttgart
Reproduktionen: Zanotto Silverio & Co., Tezze (I)
Printed in Slowakia 2004
ISBN 3-7630-2263-5

INHALT

ZWISCHEN ORIENT UND OKZIDENT

Die zypriotische Landschaft ist frei von jeder Überladenheit. Ihre Küsten, Berge und Täler drücken das Wesentliche mit eher männlicher Strenge aus. In Aphrodites Insel verliebt man sich deshalb auch erst auf den zweiten Blick. Dann aber für die Ewigkeit.

Am Anfang jeder kulturgeschichtlichen Entwicklung war die Landschaft. Sie prägte auf vielfältige Weise die dort lebenden Menschen, so dass sich eine eigenständige und unverwechselbare, landschaftsbezogene Kultur entwickelte. Auf Zypern setzte diese kulturelle Entwicklung vor etwa zehntausend Jahren ein. Sie ist damit um etwa tausend Jahre älter als die neolithische Zeit des minoischen Kretas, dem Ursprung Europas.

Die Hinterlassenschaften Zyperns aus der neolithischen Epoche sind einmalig. In ganz Europa gibt es keine auch nur annähernd so ausdrucksstarken Idole wie auf der Insel Aphrodites. Hinzu kommt der Einfluss aus dem Orient, der in den Kunstwerken aller Epochen sichtbar wird. Auch das Christentum schöpfte aus dem Kulturgut der orientalischen Welt: Aus der Göttin der Liebe wird die keusche Muttergottes. Aphrodite wandelt sich zur

Maria; die Lust geht sozusagen zum Teufel (s. Abb. S. 11).

Jede Reise nach Zypern ist eine Herausforderung, besonders eine Reise in die Kulturgeschichte der Insel, sie ist eine Begegnung mit den Menschen, ihrer Geschichte und der Kulturlandschaft. Eine Reise zu der Brücke zwischen Afrika, Asien und Europa ist nicht nur eine Begegnung mit zehntausend Jahren atemberaubender Kulturgeschichte und das Erleben einer eindrucksvollen Landschaft, die immer wieder durch ihre Vielseitigkeit überrascht. Eine solche Reise konfrontiert vor allem mit der lebendigen und bewegenden Vergangenheit und Gegenwart der Menschen Zyperns, die stets mit hoffnungsvollem Blick in die Zukunft blicken. Der Inselbesucher – reist er mit offenen Augen und Sinnen – wird bei seiner Zypernreise gefordert, sich auch mit der schwierigen politischen Realität des jungen EU-Inselstaats auseinander zu setzen. Der Norden ist von türkischen Truppen besetzt. Dadurch ist die Republik Zypern de facto geteilt.

Fotos und Text des Buches folgen der Spur von der Kunst des Neolithikums bis zum Gold und den glühenden Farben zu Ehren Gottes während der byzantinischen Epoche. Griechen und Römer, Araber, Lusignans und Venezianer, Osmanen und Briten, sie alle haben die Geschichte der Inselrepublik bestimmt.

Rechts Der sehr fein gearbeitete Marmorkopf aus dem Gymnasion von Salamis gehörte ehemals zu einer Aphrodite-Statue aus der Wende vom 5./4. Jh. v. Chr. und erinnert an Werke aus der Zeitspanne zwischen Phidias und Praxiteles (Zypern-Museum Nikosia).

Oben Das Detail aus dem Stifterbild der Kirche Panajía in Kaminaría (1. Viertel 16. Jh., ca. 50 Jahre vor der osmanischen Eroberung) zeigt eine venezianische Schönheit, die an Aphrodite erinnert (s. auch Abb. auf S. 138/139).

Die orthodoxe Religion ist auf der ganzen Insel lebendig. Taufe und Osterfest sind hierfür aussagekräftige Kirchenfeste. Aber auch der Islam prägt Zypern seit Jahrhunderten: Gotische Kathedralen wurden zu islamischen Gotteshäusern; knapp ein Drittel der Inselbevölkerung sind Zyprioten türkischer Abstammung.

„Zypern – Insel der Aphrodite" ist ein Buch für die Vorbereitung und die Nachlese einer Zypernreise. Es weckt Sehnsucht und Lust auf die Insel, „wo die Götter Urlaub machen", und vermittelt zugleich eine detaillierte Einführung in die Kulturgeschichte und das lebendige Heute zwischen Orient und Okzident. Zypern im östlichen Mittelmeer ist ein starker Partner Europas. Sonne, Strand und Himmel mögen austauschbar sein. Die Inselrepublik ist es nicht – Zypern ist unvergleichlich! Einmalig! Wo sonst lassen sich zehntausend Jahre Geschichte im Spaziergang besichtigen? Wo sonst findet man phönizische Bauten und römische Mosaike, griechische Tempel und gotische Kathedralen auf ein und derselben Insel? Wo sonst verbindet sich britische Zurückhaltung mit südländischer Gastfreundschaft und orientalischem Charme?

INSEL DER APHRODITE

Der Aphrodite-Felsen bei Pétra tu Romiú an der Südküste Zyperns zwischen Límassol und Páfos.

Rechte Seite, kleine Bilder: Aphrodite ist im Ursprung eine vorgriechische/orientalische Göttin, aus der bereits im frühen Christentum die christliche Muttergottes entstand. Aus der Göttin der Liebe wurde die keusche Gottesgebärerin. Besonders deutlich zeigen uns ikonographische Details den orientalischen Ursprung und den Wesenswandel.
Die Sitzstatue der Göttin Isis mit dem Horusknaben aus dem 4. Jh. ist die älteste bekannte Darstellung einer nährenden Muttergottes und wurde wahrscheinlich das Vorbild für vergleichbare Darstellungen in der christlichen Ikonographie. So erwähnt u. a. der Apostel Lukas, dass eine Frau aus dem Volk die Mutter Jesu mit den Worten preist: „Selig (ist) der Leib, der dich getragen hat, und die Brüste, an denen du dich genährt hast!" (Lukas 11, 27). So

Mythologie

entstand auch im Christentum das Bild der nährenden Muttergottes, das als Ikone in der gesamten orthodoxen Welt Geltung fand. Unser Beispiel zeigt eine russische Ikone aus dem Anfang des 18. Jh. (Ikonen-Museum Recklinghausen). Einzigartig ist die Freskodarstellung der nährenden Muttergottes in der Kirche Ájios Nikólaos tis Stéjis von Kakopetriá auf Zypern; das Fresko wird auf die Mitte des 14. Jh. datiert (s. auch S. 89).
Der inhaltliche Bezug zwischen Aphrodite und der Muttergottes zeigt sich auch bei der Darstellung der Muttergottes mit der Mondsichel, wie wir es von der Mariensäule auf dem Marienplatz in München kennen. Dieses ikonographische Detail erinnert an die Sternenkonstellation des orientalischen Himmels, wenn der Venusstern in der Mondsichel erscheint.

Die Große Göttin

Die drittgrößte Insel im Mittelmeer und ihre zehntausendjährige Kulturgeschichte sind untrennbar mit dem Mythos um Aphrodite und ihre heiligen Gärten verbunden. Doch was sind Mythen eigentlich? Im altgriechischen Sprachgebrauch bedeutet „Mythen" ganz einfach „Worte, Reden, Gedanken", vornehmlich Erzählungen und Schöpfungen der menschlichen Phantasie. Während Geschichte die Vergangenheit nachprüfbar beschreibt und exakt in Zeit und Raum stellt, will der Mythos die Gegenwart aus der Vergangenheit erklären und rechtfertigen, dabei konzentriert er sich auf das Wesentliche der Vergangenheit.

Mythos bezieht sich also auf Vergangenes, aber nicht, um historische Ereignisse darzustellen, sondern um der Gegenwart Sinn zu verleihen.

Die ältesten schriftlichen Überlieferungen der Antike stammen aus dem achten Jahrhundert v. Chr., die griechischen Dichter Hesiod und Homer berichten darin von der großen Vegetationsgöttin und der Geburt Aphrodites. Bedeutungsvoll für das Bemühen, die antike Welt und besonders ihre frühen Anfänge zu erhellen, ist die Tatsache, dass Homer und Hesiod sich in ihren Schilderungen des Lebens in den jeweiligen Gesellschaftsstrukturen vortrefflich ergänzen. In der *Ilias* beschreibt Homer ein im Krieg befindliches Gemeinwesen mit seiner dazugehörigen (Militär-)Aristokratie, in der *Odyssee* geht er verstärkt auf das Individuum in einer im Frieden lebenden Gesellschaft und deren vielschichtige Wirtschaftsverflechtungen ein. Hesiod hingegen behandelt genau den Teil, dem Homer kaum Beachtung schenkt. Seine Dichtung engagiert sich spürbar für das Bauerntum und für den einfachen Menschen. Auch scheint er ältere Überlieferungen wiederzugeben, wie wir am Beispiel der Aphrodite sehen werden. Hesiods Mythos von der schaumgeborenen Aphrodite, also dem Mythos von einer übernatürlichen Geburt der Göttin aus Elementen des Kosmos, steht eine bei Homer nachvollziehbare Genealogie gegenüber. Ihr zufolge ist Aphrodite die Tochter von Zeus und Dione („die zum Gott Gehörige"). Dennoch widersprechen sich die Mythen nicht. Vielmehr versucht jeder für sich, zeitlich unterschiedliche Entwicklungen und kultur- beziehungsweise religionsgeschichtliche

Geburt der Aphrodite

Nach Hesiod	Nach Homer
	Aus dem **Chaos** entsteht **Gaia**, sie ist die Personifikation der Erde
	Gaia Aus der Erde wird **Uranos** geboren, beide vereinen sich dann
Uranos (Personifikation des Himmels) **Kronos**, Sohn des Uranos und der **Gaia**, entmannt mit einer Sichel **Uranos.** Die Genitalien des Uranos verwandeln sich vor der Südküste Zyperns zu Meeresschaum (aphrós), aus dem APHRODITE geboren wird.	**Uranos** **Gaia** ⚭ **Uranos** **Kronos** ⚭ **Rhea** **Dione** ⚭ **Zeus** APHRODITE

Fremdeinflüsse zu erklären, d. h. die Gegenwart ihres Zeitalters aus der Vergangenheit heraus verständlich zu machen.

Im Ursprung ist Aphrodite eine vorgriechische, eine orientalische Göttin, was von der geographischen Lage Zyperns im östlichen Mittelmeer herrührt. Im Orient hieß sie Kobar, „die Größte", der arabische Name für Venus. In Kobar deutet sich bereits eine sprachliche Verwandtschaft mit Kypris an, dem jahrtausendealten Inselnamen, der zugleich auf den Kupferreichtum Zyperns in der Antike hinweist. Auch die arabischen Astrologen stellten eine Verbindung zwischen Kupfer und Venus her: sie ordneten das begehrte Metall dem Venusstern zu.

Mit dem Aufkommen des Christentums wurde aus der Göttin der Liebe die keusche und unberührte Muttergottes. Es war die Zeit, da die Kirche begann, die Lust zu verteufeln. An die orientalischen Aphrodite-Vorbilder der christlichen Maria erinnern noch heute unterschiedliche ikonographische Details. Viele christliche Ikonen zeigen Maria als die „milchnährende Gottesmutter" (Panajía Galaktrophúsa), die dem Kind ihre nackte Brust reicht. Das älteste orientalische Vorbild für die stillende Gottesmutter geht auf die ägyptische Isis mit dem Horusknaben zurück. Den inhaltlichen Zusammenhang zwischen Aphrodite, Venus und Maria dokumentieren Darstellungen der Muttergottes mit der Mondsichel. Diese Szene erinnert an die Sternenkonstellation, wenn der Venusstern in der Sichel des Mondes erscheint. Als Beispiel sei die Mariensäule auf dem Marienplatz in München genannt: Maria steht hoch oben mit dem Jesuskind in einer Mondsichel, die auf dem Säulenkapitell ruht (vgl. Abb. S. 11).

Dass der Aphrodite-Kult auf orientalische matriarchalische Traditionen verweist, zeigen auch ihre Liebesverbindungen mit Göttern und Sterblichen, die in den Mythen einen breiten Raum einnehmen. Denn Aphrodite ist in erster Linie (Erden-)Mutter und nur ganz nebenbei kinderlose Gemahlin des Hephaistos. Alle Erzählungen lassen erkennen, dass Aphrodite vor allem die Große Göttin der Fruchtbarkeit ist und dem griechischen Pantheon stets fremd bleibt, sie ist eben eine durch und durch orientalische Göttin. In Homers Ilias weist Zeus seine Tochter Aphrodite eindeutig in ihre Grenzen und beschneidet damit ihre Macht:

Dir sind nicht gegeben, mein Kind, die Werke des Krieges. Wende dich lieber zu den lieblichen Werken der Hochzeit! Dies wird alles Athene und Ares, der Schnelle, besorgen.

(Ilias V, 428–430, Deutsch von Roland Hampe).

Besonders im Adonis-Mythos klingen viele Elemente orientalischer Fruchtbarkeitsriten an. Hier konzentrieren sich alle wesentlichen Merkmale, die den Aphrodite-Kult kennzeichnen. Auch Adonis ist im Ursprung eine aus dem Orient eingewanderte Vegetationsgottheit. Die Erzählung beginnt mit Kinyras, der dem Mythos zufolge König von Zypern war und Alt-Paphos (Kúklia) gegründet hat. Er soll auch Priester im dortigen Aphrodite-Heiligtum gewesen sein. Kinyras hatte vier Töchter, die sich alle – aus nicht überlieferten Gründen – den Zorn der Liebesgöttin zuzogen. Aphrodite jedenfalls strafte drei davon, nämlich Braisia, Laogore und Orsedike, mit solch heißer Leidenschaft, dass sie sich ständig fremden Männern hingaben. Schließlich verließen sie ihre Heimat und starben in Ägypten.

Hier erkennen wir einen Hinweis auf die in orientalischen Religionen selbstverständliche Tempelprostitution, die auch im Aphrodite-Kult Zyperns eine bedeutende Rolle gespielt hat. Von Herodot haben wir genaue Kunde über die von Babylon nach Zypern (Kýpros) gebrachte Sitte der Tempelprostitution: *Jede im Land geborene Frau muss sich im Tempel der Aphrodite niedersetzen und sich einmal im Leben mit einem fremden Mann verbinden. Viele aber, die nicht das Verlangen haben, sich unter die anderen Frauen zu mischen, da sie sich auf ihren Reichtum etwas zugute tun, fahren in verdeckten Wagen zum Heiligtum und stehen dort, und eine zahlreiche Dienerschaft folgt ihnen nach. Die Mehrzahl aber macht es folgendermaßen: Sie sitzen mit einem Kranz von*

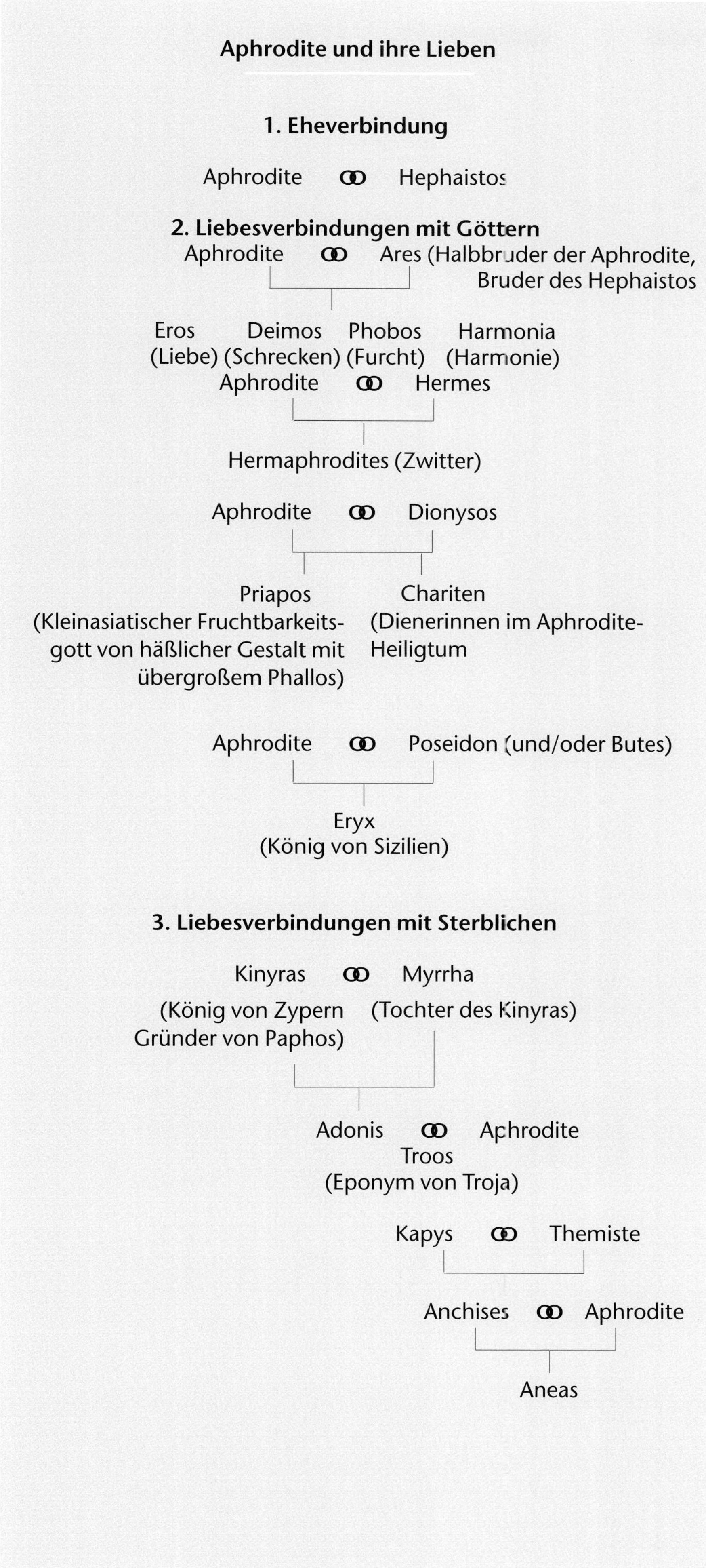

Schnüren um den Kopf im heiligen Bezirk der Aphrodite. Es sind viele Frauen, und die einen kommen herbei, die anderen gehen weg. Schnurgerade Durchgänge führen in jeder Richtung zwischen den Frauen hindurch, durch die die Fremden hindurchgehen und wo sie ihre Wahl treffen. Wenn eine Frau dort einmal sitzt, darf sie nicht eher wieder heimkehren, als bis ihr einer von den Fremden Geld in den Schoß geworfen und sich außerhalb des Heiligtums mit ihr verbunden hat. Wenn er ihr das Geld hinwirft, muss er nur so viel sagen: ‚Ich rufe die Göttin Mylitta an!' Mylitta aber nennen die Assyrer die Aphrodite. Der Geldbetrag mag nun so groß oder so klein sein, wie er will; keinesfalls wird sie ihn von sich weisen, denn sie darf es nicht, weil dieses Geld heilig ist. Dem Ersten aber, der ihr Geld hinwirft, folgt sie und wird keinen abweisen. Wenn sie sich hingegeben hat, hat sie sich der heiligen Pflicht gegen die Göttin entledigt und kehrt in ihr Haus zurück, und hinfort wird man ihr nicht so viel bieten können, dass man sie noch einmal gewinnen könnte. Alle nun, die eine schöne Gestalt und Größe besitzen, kommen schnell heim; die von ihnen aber hässlich sind, müssen lange warten, bis sie dem Brauch Genüge leisten können; denn manche bleiben sogar drei oder vier Jahre. An manchen Orten auf Kýpros besteht ein diesem ähnlicher Brauch.

(Herodot, I, 199; deutsch von E. Richtsteig)

Auf halbem Wege zwischen Paleá Páfos und Néa Páfos machte die feierliche Prozession zu Ehren der Aphrodite in den „heiligen Gärten" einen Zwischenstopp, um dort der Göttin zu huldigen. Dieser traditionsreiche Ort trägt noch heute den Namen Jeroskípos (wörtlich: heilige Gärten). Hier steht eine der ältesten christlichen Kirchen der orthodoxen Welt, die Ajía Paraskewí („Heilige des Freitags"). Ihre Gewölbe schmücken anikonische Fresken des neunten Jahrhunderts, das heißt Malereien, die keine figuralen Themen zum Inhalt haben. Es handelt sich hierbei um rein geometrische oder florale Motive, da die Abbildung von Gott, Christus, Maria und allen Heiligen verboten war.

Am eindringlichsten erinnert der Kataklysmós (kataklýzein, „überschütten"), das Frühlingsfest auf Zypern, an Aphrodite, ihre Geburt und ihren Fruchtbarkeitskult. An Pfingsten, fünfzig Tage nach Ostern, feiern die Zyprioten mit heiligem Wasser ihre schaumgeborene Aphrodite. Dem Trend der modernen Zeit folgend, beschießen sich in den Bergdörfern Kinder mit Wasserpistolen. Erwachsene leeren ganze Eimer Wasser über sich aus. An der Südküste steigen die Menschen in die heiligen Fluten der Aphrodite und bespritzen sich gegenseitig. Boote fahren mit dem Priester aufs Meer, und kühne Schwimmer tauchen nach dem Kreuz Christi, das der Priester nach der Messe vom Boot aus im Meer versenkt hat.

ZYPERNS VORGESCHICHTE

Neolithikum und Sesshaftigkeit

Vorherige Seite Die eindrucksvollsten Hinterlassenschaften aus der neolithischen Epoche Zyperns wurden in Chirokitía entdeckt. Hier lebten von 7000 bis 6000 v. Chr. die Menschen in Rundhütten aus Lehm und steinernen Grundmauern. Ihre Toten bestatteten sie unter den Fußböden.

Rechts Am Anfang waren die Landschaft, das Klima und die Vegetation. All dies prägte die auf Zypern siedelnden Menschen. Diese wiederum gestalteten mit dem Geist dieser Landschaft die aufkeimende neolithische Kultur der Insel.
Heute bestimmen vielerorts (nicht nur auf Zypern) die Menschen das Aussehen der Landschaft. Nicht selten zum Schaden der Umwelt. Auf dem höchsten Berg Zyperns, dem Olymp (1951 m) im Tróodhos-Gebirge, erhebt sich heute die Kugel einer britischen Radarstation, die den ganzen Nahen Osten kontrolliert. Das schneebedeckte Tróodhos-Gebirge ist im Winter auch ein beliebter Urlaubsort für Skifahrer. Die südlichen Hänge sind bis nach Pissúri für den Weinbau terrassenförmig angelegt.

Erste Spuren – Zwischen Neolithikum und Bronzezeit

Die frühesten Zeugnisse unserer Kulturgeschichte entstammen einer Epoche, die von der Altertumswissenschaft Neolithikum oder Jüngere Steinzeit genannt wird. Diese Zuordnung ergibt sich aus dem Material der Fundstücke. Von einer steinzeitlichen Kultur spricht man, wenn Archäologen in erster Linie steinernes Gerät und Keramik, aber keine oder nur wenige Hinweise auf Metallverarbeitung entdecken.

Hierbei sticht Zypern unter den Ägäiskulturen als große Ausnahme hervor. Kein Landschaftsraum des Mittelmeers hat so zahlreiche und so ausdrucksstarke Steinidole und Steinwerkzeuge hervorgebracht wie diese Insel.

Am Anfang des Neolithikums lebten die Menschen noch in der einfachen, lediglich aneignenden Versorgungsform als Fallensteller, Jäger und Sammler, bis sich mit zunehmender Siedlungsverdichtung die so genannte neolithische Revolution vollzog. Die Menschen wandten sich allmählich einer herstellenden Wirtschaftsform zu, als Pflanzer und Tierzüchter: es entstand das Bauerntum. Die bisher umherziehenden Familienverbände wurden sesshaft. Mit dieser neuen Produktions- und Wirtschaftsstufe, die eine Arbeitsteilung und Spezialisierung auf bestimmte Tätigkeiten mit sich brachte, ging auch eine Verfeinerung der Lebensqualität einher, was sich besonders an der Produktion und Ausgestaltung der Gebrauchsartikel ablesen lässt. Hierzu zählt vor allem die Erfindung des Brennofens, der ganz neue Möglichkeiten bei der Fertigung von Tonware und Ziegeln erschloss. In Finí, einem kleinen Dorf an den südlichen Hängen des Tróodhos-Gebirges, ist diese uralte Art der Keramikherstellung noch heute lebendig. Um die neue Zivilisationsstufe zu erklimmen, mussten die Menschen eine Reihe organisatorischer Aufgaben lösen. Dazu gehörten unter anderem die Zuweisung des Bodens, die Be- und Entwässerung der Wohngebiete, der Tauschhandel und das Sammeln von Vorräten. In Chirokitía (s. S 19), der berühmtesten neolithischen Siedlung Zyperns aus der Zeit um 7000 bis 6000 v. Chr., finden wir zahlreiche Belege für diese Entwicklung.

Das Zusammenleben in solchen Gemeinschaften erforderte auch gesellschaftliche Grundregeln. Es müssen also politische Institutionen entstanden sein, die über einen Familien- oder Stammesverband hinausgehen. Möglicherweise gab es bereits zu dieser Zeit ein Gemeinwesen, das die Begriffe Eigentum, Pacht und Steuer kannte.

Erfahrungen über die Vegetationszyklen wurden gesammelt, um die Zeitpunkte von Aussaat und Ernte bestimmen zu können. Die zentrale Bedeutung des Naturkreislaufs spiegelt sich in den frühen Religionen wider, die ganz wesentlich von Fruchtbarkeitsriten geprägt waren. Überall finden wir Hinweise auf die Verehrung einer großen Muttergottheit, die Verkörperung der Fruchtbarkeit sowohl des menschlichen Leibes als auch des Bodens, der „Mutter Erde", war. Auf Zypern war das von den mythischen Anfängen über Jahrtausende hinweg die Göttin Aphrodite (s. S. 11f.), die in christlicher Zeit zur Muttergottes umgedeutet wurde. Die Vorstellung der Vermählung der antiken Göttin mit einem sterblichen Vegetationsgott im Frühjahr, der gleichzeitig mit der Natur im Herbst und Winter stirbt oder geopfert wird, ist Ausdruck dieses Naturkults.

Steinzeitkultur in Chirokitía und Kalawassós-Ténda. Eine Reise durch die Kulturgeschichte Zyperns beginnt im Neolithikum, das für den kyprischen Siedlungsraum ab 7000 v. Chr. angesetzt wird. Hier ist die jungsteinzeitliche Siedlung von Chirokitía von besonderer Bedeutung. Nach ihr wird diese Entwicklungsstufe auch Chirokitía-Kultur genannt (7000 bis 6000 v. Chr. / Neolithikum I). Erdgeschichtlich war der Landschaftsraum des heutigen Zypern zu diesem Zeitpunkt schon lange eine Insel. Die Menschen, die hier siedelten, müssen also mit Flößen oder Booten von den nahe gelegenen Küsten Afrikas und Asiens gekommen sein. Die zeltdachartige Architektur ihrer steinernen Rundhütten deuten auf die Küstenländer Afrikas, die Verwendung von Obsidian für Messer und andere Schneiden auf das asiatische Anatolien, da dieses vulkanische Glas dort – nicht aber auf Zypern – vorkommt.

Aus dieser Epoche sind etwa fünfzehn Dorfsiedlungen auf Zypern bekannt, die vornehmlich im Süden der Insel sowie am Kap Andreas im Nordosten und am Kap Gréco im Südosten liegen. Die eindrucksvollsten sind jene von Chirokitía und von Kalawassós-Ténda. Alle Dörfer scheinen wirtschaftlich unabhängig gewesen zu sein. Die archäologischen Funde weisen darauf hin, dass es unter den Dorfgemeinschaften keine kriegerischen Auseinandersetzungen gab.

In Chirokitía lebten etwa 300 bis 600 Menschen. Sie betrieben Ackerbau und Viehzucht, wobei sie Samen und Tiere (Schafe, Ziegen, Schweine und Damwild) aus ihrer Heimat mitgebracht hatten. Die Rundhütten waren Heimstatt der Lebenden wie der Toten. Die Verstorbenen wurden in Hockstellung – entsprechend der Lage des ungeborenen Menschen im Mutterleib – in Gruben unter dem Fußboden bestattet. Nur selten erhielten sie Grabbeigaben, wie etwa Karneolschmuck. Auch dieser Edelstein stammt aller Wahrscheinlichkeit nach aus Anatolien. Aus Knochen und Stein (hauptsächlich Andesit) wurden Geräte und Gefäße gefertigt. Ein besonders schönes Beispiel dieser Epoche ist die Steinschale von Chirokitía. Modellieren mit Ton war bekannt, doch von den luftgetrockneten oder noch unvollkommen gebrannten Tongegenständen sind nur wenige Exemplare erhalten. Ausdrucksstarke Steinidole in Form stilisierter Menschenfiguren legen die Vermutung nahe, dass die ersten Kolonisten bereits an ein Leben nach dem Tode glaubten.

Für die Spanne von fast 1500 Jahren folgen dunkle Zeiten. Die bestehenden Siedlungen werden aufgegeben. Die im Ansatz erfolgreiche erste Kolonisation scheitert aus uns unbekannten Gründen. Für lange Zeit ist nur an vereinzelten Plätzen Zyperns menschliches Leben auf primitiver Stufe nachzuweisen.

Linke Seite Die Luftaufnahme von Chirokitía zeigt die eng aneinander anschließenden Rundhütten und das Straßensystem der neolithischen Siedlung. Die bis zu zwei Meter hohen Wände aus grob behauenen Steinen berühren einander teilweise tangential, haben nur geringen Abstand untereinander und schaffen so Raum für die innere Erschließung der Siedlung. Alle Gebrauchsgegenstände des täglichen Lebens wurden aus Stein geschaffen. Die große Steinschale (rechts unten) nutzten die Menschen als Mörser, in dem mit einem Stein Getreide geschrotet wurde. Das kreuzförmige Fruchtbarkeitsidol (rechts oben) aus grünlichem Steatit ist eine Arbeit aus dem 4. Jahrtausend v. Chr. und wurde in der Gegend von Páfos gefunden. Eindrucksvoll zeigt es seine Bestimmung: es wurde von den Menschen als Schutzamulett getragen.

Diese Seite Ein Beispiel für den Übergang der Epoche der Jäger und Sammler zum Bauerntum (auch neolithische Revolution genannt) verdeutlicht anschaulich das rot polierte Tonmodell aus der Nekropole von Wunús aus der Zeit um 2000 v. Chr., das den Beginn der Ackerbaukultur zeigt: Zwei Ochsenpaare ziehen einen Holzpflug durch den fruchtbaren Boden. Zwei Personen halten einen Korb oder eine Schale mit Saatgut (?), das ein Dritter in die durchpflügte Erde streut (Zypern-Museum Nikosia).

Sotíra-Kultur. Für etwa fünf Jahrhunderte ist die Sotíra-Kultur (4500 bis 3900/3800 v. Chr. / Neolithikum II) auf Zypern belegt, benannt nach ihrem Hauptfundort Sotíra an der Südküste zwischen Límassol und Páfos. In etwa dreißig Dörfern, die auf der ganzen Insel verstreut sind, blühen Ackerbau und Viehzucht. Die Häuser sind keine Rundhütten mehr, sondern haben rechteckige Grundrisse mit abgerundeten Ecken.

Eine neue Errungenschaft ist die Töpferei. Man kennt handgeformte Gefäße mit monochromer Bemalung. Bevorzugter Dekor auf den weißgrundigen Gefäßen des Nordens sind geometrische Motive mit rotem oder schwarzgrauem Farbton. Im Süden der Insel finden sich Krüge und Schüsseln mit Rundboden und Wellenbanddekor, in deren noch feuchte, meist rote Bemalung parallele Linien „gekämmt" werden, so dass der helle Scherben sichtbar wird. Wirtschafts- und Handelskontakte zu den angrenzenden Küstenländern gibt es wohl noch nicht.

Erími-Kultur. Tief greifende Veränderungen bringt den Menschen auf Zypern die Kupfersteinzeit (Chalkolithikum von etwa 3900/3800 bis 2900/2500 v. Chr.). Gesellschaftsstruktur und Wirtschaftsform wandeln sich. Die Dorfgemeinschaften entwickeln eine Organisation, die unter anderem auf Lebensmittelverwaltung abzielt. Handelsverbindungen mit den Küstenländern Asiens und Afrikas sind nachweisbar. Erstmals wird auf Zypern Kupfer verarbeitet, wobei ungewiss ist, ob das Metall importiert wurde oder aus eigener Gewinnung stammt. In dieser Zeit erfährt auch der Inselwesten eine Besiedlung. Die Rundhütte des Neolithikums erlebt eine Renaissance und wird wieder zum beliebtesten Wohngebäude. Außerhalb der Dorfsiedlungen entstehen Friedhöfe mit Gräbern für Mehrfachbestattungen, die vielfach reiche Grabbeigaben aufweisen. Hier deuten sich neue religiöse Vorstellungen von Tod und Wiedergeburt an. Der Glaube an eine Fruchtbarkeits- und Vegetationsgöttin, die Große Göttin von Zypern – später von den Griechen als Aphrodite verehrt –, hat sich durchgesetzt und wird zum Zentralthema der frühen Religionen der Insel. In Erími, westlich von Límassol nahe Kúrion/Episkopí, hat man Keramikwaren mit großem Formenreichtum aus dieser Zeit gefunden. Sie zeigen rote Malereien auf weißem Grund, teils mit geometrischen, teils mit floralen Motiven. Ihre Darstellungsweise erinnert an die viel später auftretende Keramik der archaischen Epoche. Nach diesem wichtigsten Fund aus jener Zeit wird die Epoche auch als Erími-Kultur bezeichnet.

Einzigartig und herausragend, ohne Vergleichsbeispiel in den vorgeschichtlichen Kulturen des Mittelmeerraums, sind die kreuzförmigen weiblichen Fruchtbarkeitsidole dieser Zeit. Ob aus Ton modelliert oder aus Steatit oder Pikrit (blaugrüner Stein) geschnitzt, immer sind es Meisterwerke von eindringlicher Schönheit und Ausdruckskraft. Stets ist die weibliche Fruchtbarkeit dargestellt, sie wird zum Hauptgegenstand der Kunst des Chalkolithikums. Der reliefierte Halsschmuck einer dieser zauberhaften Figurinen zeigt uns zugleich ihre eigene Funktion: sie wurden von Frauen um den Hals getragen (Abb. S.18). Andere Idole zeigen deutlich Scham und Brüste der Frau oder ihren schwangeren Leib. Manchmal ist die Horizontale ihrer ausgebreiteten Arme als liegende männliche Figur (im Sinne einer Vereinigung von Mann und Frau) ausgeformt, so dass bis zu drei Idole in einer einzigen Statuette vereinigt sein können.

Die Nekropolen von Filiá, Vuní und Wunús. Während der frühen Bronzezeit (2500 bis 1900 v. Chr.) gelangen neue Kolonisten und damit neue Anregungen vor allem aus Anatolien, aber auch aus Syrien, nach Zypern. Das Zentrum der Insel verlagert sich vom Süden nach Norden (Wasília, Lápithos, Vuní), wo größere Siedlungen entstehen. Archäologen entdeckten meist nicht die Dörfer selbst, sondern nur deren Nekropolen. Demzufolge geht man davon aus, dass die Häuser jener Zeit aus vergänglichen Baumaterialien – wie luftgetrockneten Lehmziegeln – errichtet wurden und deshalb den Jahrtausenden nicht standhielten.

Mit Ausnahme der unwegsamen Bergregionen ist nun die ganze Insel besiedelt. Alte neolithische Siedlungsräume werden jedoch teilweise aufgegeben. Die wichtigsten Zeugnisse dieser Zeitspanne entstammen der Nekropole von Filiá, einem Dorf östlich von Mórfu, in der gleichnamigen fruchtbaren Ebene im Nordwesten der Insel. Nach diesen Funden nennt man diese Epoche auch Filiá-Kultur.

Geradezu revolutionär müssen sich die Einführung des Pflugs aus Anatolien auf den Ackerbau und die Entdeckung des Kupfererzes beziehungsweise die Gewinnung von Kupfer auf die frühe Gesellschaft ausgewirkt haben. Auch die Töpferei greift viele Anregungen aus Anatolien auf. Es entsteht die „rot polierte Keramik". Ihr Formenreichtum ist immens, besonders reizvoll die Vielfalt an phantasievoll ausgearbeiteten Gefäßen in Tier- und Menschengestalt. Nicht selten werden mehrere Gefäße zu einer Einheit verbunden, die meist rituellen Zwecken dient. Für gewöhnlich handelt es sich um Keramik mit Ritzdekor. Bei den so genannten Brettidolen, dünne Terrakottaplatten, fügen sich eingeritzte Linien und Kreise zu einem menschlichen Antlitz.

Hier an dieser menschenleeren Küste war jetzt alles voll himmlischer Ruhe. Wie schön rollten die blau glitzernden Wogen daher, wie strahlte der glanzerfüllte Himmelsäther, wie duftete rings der Frühling! Mit jedem Schritte trat ich auf neue unbekannte Blumen und Kräuter. Tulpen, Tazetten, Hyazinthen und ähnliche Blüten wachsen hier wild umher. Am meisten erfreuten mich die schönen, weiten Umrisse der Landschaft, und als ich mich endlich zur Rückkehr wendete, hatte ich ein hübsches orientalisches Bild vor mir: das Hafenstädtchen verschwand von dieser Seite fast gänzlich hinter Palmen.

(„Cypern", Franz von Löher, S. 25, Stuttgart 1878)

Das Foto zeigt die Nordküste, nordwestlich von der Festung Kantára, im türkisch besetzten Teil Zyperns.

Das trichterförmige Spendengefäß für Trankopfer in Gestalt eines konischen Rhytons erlebte seine Wiedergeburt 1962 bei einer Grabung im antiken Kítion, dem heutigen Lárnaka. Schwarze Umrisslinien zeichnen in drei Zonen Tier- und Jagdszenen sowie geometrische Motive, die an mykenische Kunstwerke erinnern. Das Fayence-Gefäß stammt aus der Mitte des 13. Jh. v. Chr. Die Figuren sind mit gelber Farbe oder mit rotem Email ausgefüllt, die Außen- und Innenflächen mit blauem Email überzogen. Von oben nach unten sind dargestellt: Stiere und Wildziegen; Jäger auf der Jagd nach wilden Stieren; vertikal angeordnete Laufspiralen. Die stilisierten Blumen erinnern an mykenische Exponate (Zypern-Museum Nikosia).

Einblicke in das Leben der Menschen der frühen Bronzezeit gewähren Werke der Töpferkunst, die Szenen aus dem Alltagsleben und dem religiösen Kult behandeln. Das Spektrum reicht von der Landwirtschaft, wie etwa Pflügen mit Ochsen oder Melken, über handwerkliche Arbeiten wie Schmieden bis hin zu realistischen Geburtsdarstellungen. Besonders eindrucksvoll ist eine Schale aus der Nekropole von Wunús (Abb. S. 24). Dargestellt ist ein umfriedeter kultischer Platz, auf dem mehrere Menschen an einer Totenfeier teilnehmen – die einzige Miniaturdarstellung eines Heiligtums aus dieser Zeit, die bisher entdeckt werden konnte.

Wirtschaftliche Blüte in der Bronzezeit

Wesentliches Kennzeichen der mittleren Bronzezeit (1900 bis 1650 v. Chr.) ist der aktive Ausbau eines Handelsnetzes mit den umliegenden Kulturen des Mittelmeerraums, wodurch Zypern aus seiner jahrtausendelangen insularen Isolation herauswächst. Kyprische Seefahrer knüpfen Wirtschaftsbeziehungen, die von Ägypten, Syrien und Babylon bis nach Kreta und Sizilien reichen. Die Folge sind Siedlungsgründungen hauptsächlich an der Nordküste sowie eine Verlagerung des wirtschaftlichen und kulturellen Lebens auf den Osten der Insel. Westlich von Famagústa wird Kalopsídha zu einem wichtigen neuen Zentrum. Am Ende dieser Epoche entstehen Festungsbauten nach anatolischen Vorbildern: in Kriní (südlich von Kyrénia), Ájios Sozómenos (in der fruchtbaren Messaoría-Ebene) und in Nitówikla (an der Südküste der Karpasía-Halb-

Énkomi im Nordosten der Insel, das wirtschaftliche Zentrum des bronzezeitlichen Zyperns, erfährt nach dem Untergang der Minoer auf Kreta und der zeitgleichen Ausbreitung der mykenischen Kultur neue Einflüsse aus der ägäischen Welt des griechischen Festlands. Sichtbar werden diese Impulse u. a. bei den beiden aus Bronze gegossenen Statuetten, die als Stadtgottheiten von Énkomi bezeichnet werden. Beide stammen aus dem 12. Jh. v. Chr. und wurden in Heiligtümern gefunden. Der „gehörnte Gott" (54,2 cm, gefunden 1948) stammt aus dem Zentralheiligtum von Énkomi, der „bärtige Gott mit Hörnerkappe" (35 cm, gefunden 1963) aus einem Kultraum der Stadt (beide im Zypern-Museum Nikosia). Wahrscheinlich handelt es sich bei dem gehörnten Gott um Apollon Kereatas, den Einwanderer aus Arkadien nach Zypern gebracht haben; die Stierhörner sind ein Indiz für eine Fruchtbarkeitsgottheit. Während die Körperhaltung der Statuette auf minoische Vorbilder hinweist, deutet der abgewinkelte Arm auf syrische Ursprünge und der edle Gesichtsausdruck auf mykenische Einflüsse hin. Der bärtige Gott mit der Hörnerkappe steht auf einem Kupferbarren, dem Exportartikel Zyperns zur Zeit der Ägäiskulturen. Kupferbarren dieser Form wurden u. a. ins minoische Kreta exportiert. Den größten Fund machten Archäologen in Ajía Triádha auf Kreta (heute im Archäologischen Museum von Iráklion). Wahrscheinlich war dieser jugendliche Gott der Schutzpatron für die „Bronzeindustrie" von Énkomi.

insel). Diese Festungen und reiche Waffenfunde sowie Zeugnisse gewaltsamer Zerstörungen von Siedlungen deuten auf vermehrte kriegerische Auseinandersetzungen am Ende des siebzehnten Jahrhunderts v. Chr. hin, die sich möglicherweise gegen fremde Eindringlinge richteten. Vielleicht gab es auch Spannungen und Rivalitäten unter der Inselbevölkerung.

Der Umbruch in der Welt des antiken Orients verschafft Zypern große Bedeutung als Kupferlieferant. In der späten Bronzezeit erlebt die Insel eine wirtschaftliche Blüte. Bereits ab 1700 v. Chr. beherrschen die Menschen die Technik, mit auf 1100 Grad erhitzter Holzkohle Kupfer zu verhütten und Arsenbronze herzustellen. Als mit den hethitischen Eroberungen in Anatolien und im Königreich Jamchad (heute Aleppo) die Kupferexporte nach Syrien zum Erliegen kommen, erkennen kyprische Händler ihre Chance und nutzen sie auf den Märkten der Küstenstädte Asiens. Zu dieser Zeit wird Zypern bereits in vielen Texten der Hethiter, Babylo-

Wie intensiv die Menschen in der frühen Bronzezeit ihren Götterkult lebten, zeigt uns das Miniaturheiligtum aus der Zeit um 2000 v. Chr., das in der Nekropole von Wunús gefunden wurde. Rechts neben der Tür zum kreisförmigen Heiligtum ist eine Person auf die Temenos-Mauer geklettert, um das Geheimnis zu ergründen: Gegenüber der Tür sind an der Wand drei Stierköpfe (Symbol der Fruchtbarkeit) angebracht, die durch Schlangen (Symbol chthonischer Gottheiten) miteinander verbunden sind. Die Verschmelzung von Stier und Schlange kann hier als der ewige Kreislauf von Tod und Wiedergeburt verstanden werden.

nier und Ägypter „Alásia" genannt. Nach dem „Wörterbuch von Tell el Nuzi" bedeutet *a-lasa* Kupfer. Mit diesem Namen wird auf die Bedeutung der Insel als Kupferproduzent angespielt: „Kupfer aus Alasija vom Berg Tagata" (hethitischer Text); „Kupfer des Berges Alasa" (babylonischer Text aus Mari); „Barren von Rohkupfer und Platten von Zinn befinden sich auf den Schultern der Leute von Alasia" (Metallliste Ramses II. im Luxortempel).

Auf die Vertreibung der kriegerischen asiatischen Hyksos (Herrscher der Fremdländer) aus Ägypten, die während der 15. und 16. Dynastie (1650 bis 1544/41 v. Chr.) regierten, folgte für das gesamte östliche Mittelmeer eine Periode des Friedens und der kulturellen wie wirtschaftlichen Prosperität. Auch Zypern hatte daran Anteil. Die späte Bronzezeit (1650 bis 1050 v. Chr.) brachte für die Insel eine Epoche der Hochblüte (um 1600 bis 1200 v. Chr.). Zeitlich entspricht diese fruchtbare Entwicklung etwa der Blüte des minoischen Kreta (1625 bis 1450 v. Chr.), das mit seiner hoch entwickelten Kultur im zweiten vorchristlichen Jahrtausend zur Wiege Europas wurde. In der Ägäis entstehen damals die Voraussetzungen für die griechische Kultur der antiken Welt.

Handgefertigte Keramik mit weißem Überzug und dunklen geometrischen Dekorationen (White-Slip-Ware) sowie kugelförmige Gefäße mit glasierter, metallisch wirkender Oberfläche und Reliefschmuck mit langem Ausguss (Base-Ring-Ware) – vermutlich Kopien von Bronzegefäßen – sind in allen Anrainerstaaten des Mittelmeeres sehr beliebt. Beide Keramikgattungen werden zum Markenzeichen der kyprischen Kultur. Ihre Fundorte verweisen auf die Ausdehnung der umfangreichen kyprischen Handelsrouten in der späten Bronzezeit.

Als sie dann aber zum vierten Mal zu den Brunnen gelangten,
Richtete vor sich da der Vater die goldene Waage,
Legte zwei Lose hinein des stark betrübenden Todes,
Das des Achilleus und das des Rossebändigers Hektor,
Fasste die Mitte und wog:
Des Hektors Todesgeschick sank
Und ging fort zum Hades; und Phoibos Apollon verließ ihn.

Ilias XX, 209 ff., deutsch von Roland Hampe, Stuttgart 1979)

Eindrucksvoll schildert Homer in der *Ilias* den Glauben der Menschen an das von Göttervater Zeus gelenkte Schicksal. Auf dem mykenischen Krater aus dem 14. Jh. v. Chr. ist erstmals das Thema „Zeus und die Schicksalswaage" dargestellt: Rechts steht Zeus mit seiner goldenen Waage vor einem Streitwagen mit zwei Menschen. Zwei große Tintenfische, ein Krieger, Bäume, Vögel und ein Stier bereichern die Gesamtkomposition. Andere Forscher deuten diese Darstellung nicht als mythische Szene, sondern als Wiegen von Bronzebarren (Zypern-Museum Nikosia). Dieses homerische Bild der Schicksalswaage wird später von der christlichen Kunst übernommen. Bis heute wird in den orthodoxen Kirchen beim Jüngsten Gericht stets das Abwägen der Seelen mit der Schicksalswaage dargestellt.

Kupfer- und Bronzebarren bleiben das wichtigste Handelsgut der Insel. Neben den bereits erwähnten Ländern pflegen Minoer und Kyprer verstärkt Kontakte und haben in Ugarit, dem damaligen Zentrum des alten Orients (heute Ras Schamra an der syrischen Westküste), bedeutende Handelsniederlassungen.

Übergang zur Eisenzeit

Um 1500 v. Chr. gibt es auf Zypern erstmals eine einheimische Schrift, die große Ähnlichkeiten mit der minoischen Linear-A-Schrift Kretas aufweist. Sie wird kypro-minoische Schrift genannt. Bisher trat sie vorwiegend in Énkomi zutage. Spärliche Einzelfunde belegen jedoch, dass sie wohl auf der ganzen Insel verbreitet war. Bis zum heutigen Tag ist sie nicht entziffert. Vermutlich haben die Linear-A-Schrift und die kypro-minoische Schrift ein noch unbekanntes gemeinsames Vorbild orientalischen Ursprungs.

Nach dem Niedergang der minoischen Kultur um 1450 v. Chr. werden die Mykener Herren der Ägäis. Sie erobern Kreta und gründen Handelsstützpunkte auf Zypern und in Kleinasien.

Nach 1400 v. Chr. bilden sich an den Küsten Zyperns von Festungsmauern umgebene Stadtzentren heraus: An der Südküste Paleá Páfos und Chála Sultán Tekké, an der Nordküste Ajía Iríni und Mórfu sowie im Osten Énkomi. Unter all diesen spätbronzezeitlichen Städten entwickelt sich Énkomi zum Mittelpunkt der Kupferverarbeitung. Sein Stadtkönig war vermutlich der Herrscher der ganzen Insel. Zahlreiche Meisterwerke der Bronzekunst wurden hier entdeckt. Eine 35 Zentimeter hohe Statuette aus dem 12. Jahrhundert trägt ägäische Züge (Abb.

Die gesamte antike Welt war in den Trojanischen Krieg verwickelt, auch Zypern: Agapenor, König von Tegéa aus Arkadien/Peloponnes, soll sich bei seiner Rückfahrt von Troja (da er sich – laut Homer – nicht auf die Schifffahrt verstand) nach Zypern verirrt haben. Hier gründete er Alt-Paphos und baute – nach Pausanias – Aphrodite einen großen Tempel.
Das Foto zeigt einen Ausschnitt aus dem Gemälde von Franz Matsch aus dem Jahre 1892. Es trägt den Titel „Achills Sieg über Hektor bei Troja" und befindet sich im Achíllion von Korfu (Sissi-Schloss).

S. 23). Die mit Schild und Lanze bewaffnete Gottheit trägt auf dem erhobenen Kopf eine glatte Kappe mit langen, kräftigen Hörnern. Sie steht auf einem bronzenen Ochsenhautbarren, der damals handelsüblichen Form des Metalls. Diese Insignien weisen die Statuette als Schutzgott des Kupfers aus.

Der Einfluss der Mykener auf die kyprische Kultur wurde so stark, dass die Archäologen heute nicht mit Sicherheit sagen können, ob es sich bei der großen Menge mykenischer Keramiken, von der die Insel fast zwei Jahrhunderte lang förmlich überschwemmt wurde, um Importware handelt oder ob sie auf Zypern von mykenischen Töpfern hergestellt wurden. Die Schalen und Amphoren sind mit szenischen Darstellungen meist frühgriechischer Mythen geschmückt und teilweise von erlesener Schönheit. Es wird auch die These vertreten, die Kunstwerke seien auf dem langen Handelsweg von der Peloponnes zum Orient auf Zypern nur zwischengelagert beziehungsweise von dort ansässigen Mykenern für den Export produziert worden.

Im Verlauf des dreizehnten Jahrhunderts müssen sich die Mykener mehr und mehr bedroht gefühlt haben: Gewaltige Befestigungen werden zum Schutz der Burgen errichtet, bereits vorhandene verstärkt. Dennoch versinken alle mykenischen Zentren bereits Ende des dreizehnten und Anfang des zwölften Jahrhunderts in Schutt und Asche. Parallel dazu zerfällt das Reich der Hethiter, und auch Ägypten sieht sich dem Ansturm fremder Seevölker ausgesetzt, die erst Pharao Ramses III. 1176 besiegen kann. König Hammurabi von Ugarit fordert den König von Alásia zum gemeinsamen Kampf gegen die fremden Eindringlinge auf. Wir wissen heute nicht, wer diese Seevölker waren, die offenbar eine Gefahr für den gesamten Mittelmeer-

raum darstellten. Es ist die Rede von Philistern und ihren Bundesgenossen, die auf dem Seeweg um 1200 den ersten Eroberungszug eingeleitet und das griechische Festland, aber auch Kreta und Zypern überrollt haben sollen.

Unabhängig von ihnen gelangen vom Norden her in einer zweiten Einwanderungswelle die Dorier nach Griechenland, von hier aus auch zu den ägäischen Inseln und wohl um 1100 v. Chr. nach Zypern.

Falls diese Zerstörungen tatsächlich schon im zwölften Jahrhundert erfolgten, kommen also die Dorier als Zerstörer der mykenischen Kultur nicht in Frage. Die Historiker sind sich allerdings über die zeitliche Abfolge der Invasionen und die beteiligten Völker uneins. Man bezeichnet diese Epoche auch als die dunklen Jahrhunderte der Mittelmeerkulturen.

Es gibt Hinweise, die Rückschlüsse auf das Ende der Bronzezeit zulassen. Zunächst sind da die mykenischen Tontäfelchen von Pylos auf der Peloponnes mit Linear-B-Schriftzeichen, aus deren Inhalt hervorgeht, dass man einen kriegerischen Angriff erwartete und dass das Rohmaterial für die Bronzeherstellung äußerst knapp geworden war. Und auch hier sind die Mythen aufschlussreich. Das, was die Griechen der Antike von ihren mykenischen Vorfahren zu berichten wussten, sind samt und sonders Erzählungen von Beutezügen und Kriegen: der Kampf um Troja, die Fahrt der Argonauten unter Jason, der Zug der Sieben gegen Theben. Die in diesen alten Überlieferungen formulierten Begründungen solcher militärischen Aktionen sind meist recht dürftig: persönliche Kränkungen, Erbstreitigkeiten oder gar der Raub der schönen Helena, um die der zehnjährige Trojanische Krieg

Während der geometrischen Epoche Zyperns nahmen die Künstler mit großer Kreativität zunehmend gern figurale Motive in ihr Repertoire auf. Meist handelt es sich dabei um naive Einzeldarstellungen von Blumen, Tieren oder Menschen. Auf der so genannten Huppard-Amphore, benannt nach ihrem Stifter, aus dem frühen 8. Jh. v. Chr. ist mit einfacher Linienführung eine Kultszene lebendig dargestellt (Zypern-Museum Nikosia).
Auf der Vorderseite thront eine Priesterin (Göttin?) mit entblößter Brust und saugt mit einem Strohhalm aus einer Amphore eine Opferflüssigkeit. Eine weitere Priesterin (oder Dienerin) hält drei Flaschen mit der Opferflüssigkeit in ihrer Rechten und füllt mit ihrer Linken Flüssigkeit nach.

mit einer Unzahl von Toten entbrannt sein soll. Glaubwürdiger erscheint hier die Annahme eines Handelsstreits, denn über das an der Einfahrt in die Dardanellen gelegene Troja führte der Zugang zum Schwarzen Meer.

Der Mythos berichtet im Zusammenhang mit dem Kampf um Troja auch von einer Kolonisation Zyperns durch die Achäer des griechischen Festlands: Agapenor, mythischer König von Tegéa in Arkadien auf der Peloponnes, gründet auf seiner Heimfahrt nach dem Trojanischen Krieg auf Zypern Paleá Páfos. Teukros, Sohn des Telamon und der Hesione, verlegt Énkomi an einen natürlichen Hafen der Ostküste und benennt die neue Stadt nach seiner Heimatinsel Salamis. Beide Könige sind Hohepriester im Heiligtum der Aphrodite. Das griechische Zypern beginnt sich zu entwickeln.

Während im elften Jahrhundert v. Chr. nahezu alle Mittelmeerkulturen brachliegen, erlebt Zypern mit den neuen Siedlern eine Blütezeit. Neben Páfos und Salamis gewinnt Kítion, das heutige Lárnaka, an Bedeutung. Um 1050 v. Chr. wird das spätbronzezeitliche Zypern – wahrscheinlich durch eine Naturkatastrophe – zerstört. Die Insel befindet sich am Wendepunkt ihrer Geschichte, der Übergang zur Eisenzeit vollzieht sich. Vom Reichtum und der künstlerischen Vielfalt der späten Bronzezeit zeugen die Grabfunde aus den einzelnen Jahrhunderten dieser Epoche. Als Beispiel für die intensiven Handelskontakte mit dem Orient sei das Fayence-Rhyton (13. Jh. v. Chr.) von Kítion erwähnt. Es stammt wohl aus einer syrisch-palästinensischen Werkstatt und zeigt sowohl Einflüsse der ägyptischen Wandmalerei als auch der Ägäis-Kulturen. Ein Beispiel für Letzteres ist der so genannte Helm des Jägers. Während der fliegende Galopp der Tiere und die laufende Spirale bereits seit Jahrhunderten zum Formenschatz der minoischen Künstler zählen, erinnern die umlaufende Darstellung und der Helm des Jägers auf dem Trinkhorn an den mykenischen Goldbecher von Váphio.

Für das Ende der Bronzezeit seien exemplarisch vorgestellt die goldene Zepterbekrönung eines königlichen Würdenträgers von Kúrion und der elfenbeinerne Spiegelgriff aus Paleá Páfos. Die Reliefdarstellung zeigt eine Kampfszene zwischen einem Krieger und einem Löwen, ein Thema, das wir von mykenischen Goldringen her kennen.

Links von ihr hängt an der Wand ein Stierkopf. Wahrscheinlich handelt es sich um einen Fruchtbarkeitskult, der auf der Rückseite des Gefäßes mit einem freudigen Reigentanz gefeiert wird. Auffallend an dieser Szene ist, dass – ähnlich wie bei minoischen Kultszenen – Frauen den Kult aktiv ausführen und nur ein Mann, hier als Lyraspieler, das Geschehen begleitet.
Der hier vorgeführte Reigentanz ist in Griechenland über Jahrtausende lebendig geblieben. Seit Anthony Quinn als Zorbas in dem Film „Alexis Zorbas" den Reigen mit seiner ganzen Wildheit am einsamen Strand getanzt hat, ist er weltbekannt.

Rechts Das königliche Zepter aus Kúrion ist ein Werk des 11. Jh. v. Chr. Zwei ägyptischen Vorbildern nachempfundene Adler bekrönen die Zepterkugel, die mit emaillierten Schuppen überzogen ist (Zypern-Museum Nikosia).

ANTIKE STÄTTEN

Kyprisch-griechische Stadtkönigtümer

Vorherige Seite: Zu den imposantesten Ausgrabungen antiker Stätten auf Zypern gehört Kúrion. Oberhalb der weißen Steilfelsen breitet sich die antike Stadt aus. Hier die frühchristliche Basilika mit Taufkapelle aus dem 5. Jh.

Rechts: Seit dem 7. Jh. v. Chr. lösen sich die Künstler von dem formalen Grundentwurf der geometrischen Kunst. Sie bemühen sich, nicht länger von den geometrischen Bildwerken auf den Gefäßen abhängig zu sein, und stellen nun Menschen-, Flora- und Faunamotive völlig frei auf die Gefäßoberfläche. Daher stammt der Stilbegriff „Free-Field-Stil", der sich nur in der kyprischen Kunst Zyperns entwickelt hat. Hauptanliegen der Künstler ist es von nun an, die für den freien Raum konzipierten Motive malerisch der Gefäßform anzupassen. Unser Beispiel zeigt in wunderbarer Malweise einen Fischreiher, der einen Fisch im Schnabel hält. Die Körper der Tiere werden mit kräftigen, schwarzen Umrisslinien gezeichnet, die Körperpartien mit roter Farbe und geometrischen Motiven ausgemalt (Zypern-Museum Nikosia).

1929 entdeckten schwedische Archäologen in Ajía Iríni an der Westküste der Mórfubucht eine Sensation: Nahezu 2000 Votivstatuetten lagen in situ in einem Heiligtum, Jahrhunderte vom Schwemmsand konserviert! Fast 700 Jahre, von der späten Bronzezeit um 1200 v. Chr. bis um 500 v. Chr., opferten die Menschen in diesem Heiligtum einer Gottheit, die für die Fruchtbarkeit und den Ackerbau gleichermaßen zuständig war wie für den Krieg. All diese Statuetten (manche nur 10 cm klein, andere bis zu 2 m groß) sind Beispiele für die verschiedenen Wesensarten der Gottheit. Priester mit stierköpfigen Masken und Minotaurus-Statuetten stehen für die Fruchtbarkeit, Stiere für den Ackerbau, Kriegswagen und Krieger für den Krieg. Die verschiedenen Votivgaben sind keine große Kunst. In ihrer Geschlossenheit ist der Fund aus der Zeit um 625 bis 500 v. Chr. jedoch etwas ganz Besonderes. Ein Großteil der Funde gelangte in die Museen von Stockholm und Lund, der andere Teil befindet sich im Zypern-Museum Nikosia.

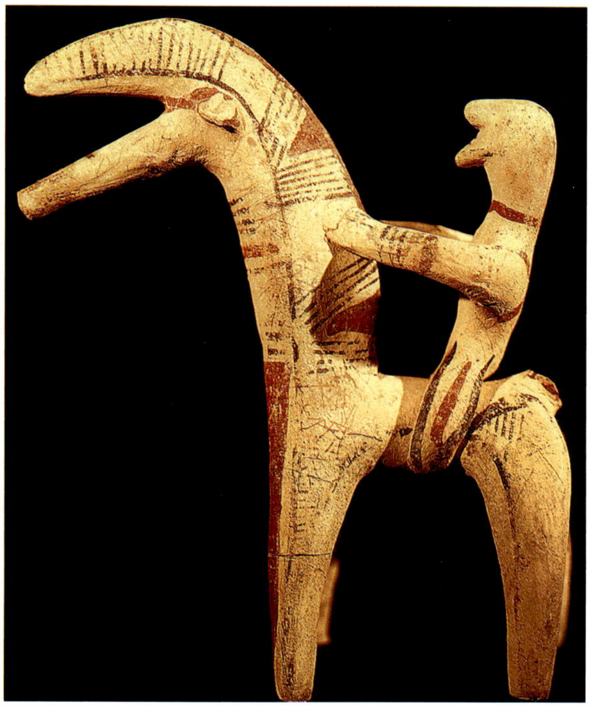

Ähnlich wie es heute überall auf Zypern kleine orthodoxe Kapellen gibt, die von der Landbevölkerung verehrt werden, gab es auch in der archaischen Zeit des 7. bis Anfang des 5. Jhs. v. Chr. auf der ganzen Insel kleine Heiligtümer. Die Menschen begehrten Fruchtbarkeit der Erde, reiche Ernte und Schutz vor Feinden. Verehrt wurde in den Heiligtümern ein Kriegsgott, dem man die hier dargestellten Votivgaben darbot. Sowohl der tanzende (?) Krieger mit Schild und verloren gegangenem Speer als auch der auf einem Pferd reitende Krieger (der meist mit einem Dolch bewaffnet ist) stammen aus dem 6. Jh. v. Chr. (Zypern-Museum Nikosia).

Zypern unter der Oberhoheit Assyriens, Ägyptens und Persiens

Mit dem Beginn der Eisenzeit (1050 bis 600 v. Chr.) verläuft die Entwicklung des nun griechischen Zyperns parallel zur Entwicklung Griechenlands. Auf der Insel wird arkadisches Griechisch gesprochen. Dennoch bleibt Zypern kulturell und wirtschaftlich weiter intensiv mit dem Orient verbunden und unterscheidet sich dadurch wesentlich von anderen Landschaftsräumen mit griechischer Kultur. Aus dem Zusammenspiel von orientalischen und griechischen Elementen entstehen eindrucksvolle Neuschöpfungen, die kyprisch-griechische Kunst.

Während der geometrischen Zeit (1050 bis 750 v. Chr.) entstehen neue Wirtschafts- und Stadtzentren in Márion (das heutige Pólis), Sóli und Lápithos an der Nordküste, in Salamis an der Ostküste sowie in Kúrion an der Südküste. Im neunten Jahrhundert gründen Phönizier in Kítion eine Kolonie, aus der ein eigenständiges Königreich hervorgeht. Die Phönizier verehren Ischtar/Astarte, die Göttin der Fruchtbarkeit, und errichten ihr in der Stadt einen Tempel. Besonders im homerischen Zeitalter des achten und siebten Jahrhunderts v. Chr. erlebt die Insel eine neue Hochblüte. Während der archaischen Periode stellt sich Zypern freiwillig unter assyrische Oberhoheit (von 750 bis 475 v. Chr.).

Der Einfluss Assyriens zeigt sich besonders eindrucksvoll in der luxuriösen Ausstattung der Grabstätten von Salamis. Architektonische Form und Zeremoniell wiederum weisen nach Griechenland. Da gibt es Felsengräber für die einfachen Bürger in der Cellarka-Nekropole und monumentale Einzelgräber, in denen die Könige mitsamt den Pferden auf ihren Streitwagen zur Ruhe gebettet wurden. Es sind Bestattungsriten, wie sie Homer aus Mykene beschrieben hat. Doch sie werden nicht als Relikt vergangener Zeiten gelebt, sondern sind sichtbares Zeichen einer neuen Zeit, die sich voller Stolz an die Helden der homerischen Epen, die Welt ihrer Vorväter, erinnert. Reichhaltig sind auch die Grabbeigaben wie Elfenbein, Gold und andere Kostbarkeiten. Im Archäologischen Museum Nikosía wurde den Grabfunden von Salamis ein großer Raum gewidmet. Höhepunkt des eigenständigen kyprischen Kunstschaffens ist die archaische Keramik mit „frei schwebendem Dekor" (Free-Field-Stil). Zum Repertoire gehören Ornamente der orientalischen Kunst, wie etwa Rosetten und Lotosblüten, aber auch magische Zeichen. Besonders eindrucksvoll sind Stücke mit gemalten Menschen- und Vogeldarstellungen, die auf dem hellen Grund der Gefäßwandung in den freien Raum (ohne Rahmung oder Sockelleiste) gestellt sind (vgl. Abb. S. 32).

Zyperns Landschaft besteht aus zwei Gebirgen (Óri) und einer dazwischen (méssa) liegenden Ebene (Messaoría), die sich nach Osten als Karpasía-Halbinsel weit ins Meer hineinschiebt. Parallel zur Nordküste verläuft das Pendadháktylos-Gebirge (1024 m), benannt nach den fünf (pénde) Felsbrocken, die sich südlich von Kyrénia in den Himmel recken.
Im Zentrum der Insel erhebt sich das Tróodhos-Gebirge mit dem 1951 m hohem Olymp (Foto unten). Sanft gehen die Hänge nach allen Himmelsrichtungen in eine weiche Hügellandschaft über, die im Süden bis nach Ómodhos und Pissúri für den Weinbau genutzt wird.
Nach Osten gehen die Tróodhos-Bergrücken über in das Macherá-Gebirge (1423 m, Abb. oben). Die Landschaft zeigt hier teilweise noch heute Veräderungen der antiken Kupfergewinnung von Tamassós, die schon bei Homer erwähnt wird.

Die Terrakottafiguren von Ajía Iríni

Ein herausragendes Zeugnis der archaischen Epoche ist das Heiligtum von Ajía Iríni an der Westküste der Mórfubucht. Die Funde beweisen die ungebrochene Kontinuität dieses heiligen Orts von der späten Bronzezeit (um 1200 v. Chr.) bis zum Ende der Archaik (um 500 v. Chr.). Es handelt sich um ein umfriedetes Freilichtheiligtum nach Art des frühbronzezeitlichen Tonmodells von Wunús. Es war eine archäologische Sensation, als 1929 in dem Heiligtum über zweitausend Terrakottafiguren von Menschen und Tieren entdeckt wurden, die aus der Zeit von 625 bis 500 v. Chr. stammen (Abb. S. 33). Im Mittelpunkt dieser volkreichen Versammlung steht ein Priester mit einem Stierkopf. Er ist umgeben von adorierenden Gläubigen, bewaffneten Kriegern und Streitwagen mit Vorgespannen. Sicherlich wurde hier ein Fruchtbarkeitskult in Verbindung mit kriegerischen Elementen gefeiert.

Nach den Assyrern folgen für die griechische und phönizische Bevölkerung der Insel die ägyptische (569 bis 546 v. Chr.) und persische (546 bis 332) Oberhoheit. Zypern wird zum Vielvölkerstaat. Gerade die Präsenz der orientalischen Ethnien im östlichen Mittelmeer und auf Zypern war ein gewichtiges Hindernis für weitere Kolonisatoren aus Griechenland. Die archaische Epoche (750 bis 475 v. Chr.) endet um 499/98 v. Chr. mit dem Ionischen Aufstand der Städte Kleinasiens gegen die Perser, dem sich zunächst auch Zypern anschließt. Nach dem Eingriff Athens allerdings schlagen sich 150 kyprische Schiffe auf die Seite Persiens und erleiden gemeinsam die entscheidende Niederlage in der berühmten Seeschlacht von Salamis im Jahr 480 v. Chr. Alt-Páphos und Kítion werden später von

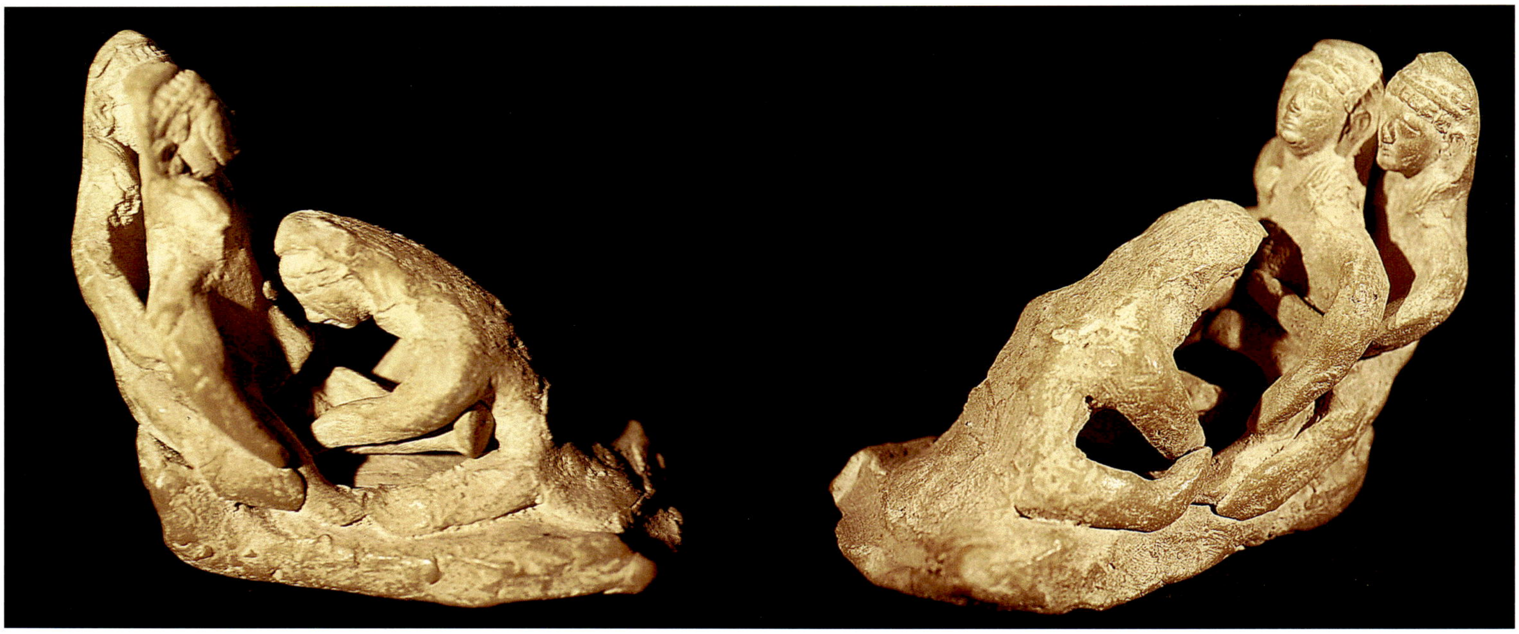

Links: Aphrodite, die Schöne, die orientalische Liebesgöttin, regte in allen Jahrhunderten Künstler aller Kulturkreise an, ihre vollendete Schönheit darzustellen. Unser Beispiel zeigt eine lebensgroße Aphrodite-Marmorstatue aus Soli, die dem 1. Jh. v. Chr. der alexandrinischen Schule angehört (Zypern-Museum Nikosia).
Die kleinen Terrakotta-Votivgaben aus dem 6. Jh. v. Chr., gefunden in Lápithos, zeigen realistische Szenen von Gebärenden, die in Hockstellung ihr Kind zur Welt bringen. Votivgaben dieser Art brachten die Frauen der Mutter-Gottheit und /oder Aphrodite in den zahlreichen kleinen Heiligtümern auf dem Lande dar, verbunden mit der Bitte um eine gute Geburt und ein gesundes Kind. Dieser Brauch wird auch heute noch mit den Taxímata-Votivgaben in den orthodoxen Kirchen gelebt. Taxímata ist abgeleitet von táximo, das Gelübde. Es sind Geschenke und Bitten zugleich. Dargestellt sind auf den silbernen Taxímata-Votivtäfelchen menschliche Gliedmaßen, Kinder, Frauen und Männer. Mit diesen Votiven bittet der Gläubige heute wie in der Antike, dass ihm der Partner des Lebens, die Geburt eines gesunden Kindes oder die Genesung von einer Krankheit durch göttliches Eingreifen geschenkt werde (Zypern-Museum Nikosia).

den Persern belagert und erobert. Die vielen Fremdeinflüsse dieser Epoche stellen für Zypern eine geistige und kreative Herausforderung dar. Die bereits in der geometrischen Epoche angelegten Kunstströmungen führen in der Archaik zu einer neuen Blüte.

Die Königsgräber von Tamassós

Schon im achten Jahrhundert v. Chr. muss südlich des heutigen Nikosia, an den Ausläufern des Tróodhos-Gebirges, eine bedeutende Stadt existiert haben. Erzminen, Kupferproduktion und Handel machten sie reich und berühmt. Ovid beschreibt den Wohlstand der Stadt als „weit über die Grenzen Zyperns bekannt". Heute ist davon nicht mehr viel auszumachen. Nur das für den Laien völlig unübersichtliche Grabungsareal der alten Stadt und die hervorragend erhaltenen Königsgräber zeugen von ihrem einstigen Glanz. Die Landschaft von Politikó und des am nördlichen Dorfrand gelegenen Tamassós mit ihren zerklüfteten Hängen und aufgerissenen Erdspalten war bereits seit der Bronzezeit besiedelt und in der Antike eines der Zentren für die Kupfergewinnung im Tagebergbau. Schon in Homers *Odyssee* wird von dem Reichtum der Stadt berichtet.

Die drei Königsgräber aus dem sechsten Jahrhundert v. Chr., die vielleicht wirklich Herrschern als letzte Ruhestatt dienten, sind in Stein nachgebaute Häuser der Lebenden. Sie sind unterirdisch angelegt, und ihre Gestalt in Form eines Hauses mit Satteldach deutet auf fremde Einwanderer hin, die möglicherweise aus Lykien kamen. In einer Grabkammer gefundenes Zaumzeug erinnert an Pferdebestattungen, wie wir sie aus Salamis kennen. Die Gräber selbst zeigen eine anspruchsvolle Felsenarchitektur mit ionischen Lotosblütenvoluten, Scheintüren mit Verriegelung sowie Sparrenlagen und andere konstruktive Details der Holzbauweise.

Südlich von hier haben deutsche Ausgräber Überreste unterschiedlichen Alters einer größeren Anlage freigelegt, die heute als Astarte-Aphrodite-Heiligtum gedeutet wird. Weitere Grabungskampagnen in der antiken Stadt sind geplant.

Alt-Páphos, Heimat der Aphrodite

Nördlich der modernen Küstenstraße, am Ostufer des Flusses Dhiarízos, gerät plötzlich ein festungsartiges Bauwerk des Mittelalters ins Blickfeld: das Château de Covocle der fränkischen Lusignans, die von 1191 bis 1489 auf Zypern herrschten. Nahe dem Kastell liegt der Ort Kúklia. Sein Name soll vom lateinischen *cubiculum* (Schlafgemach) herrühren. Die Ländereien um die Burg der Lusignans bildeten jahrhundertelang das Zentrum des Zuckerrohranbaus auf Zypern. Heute ist die Burg als Museum eingerichtet für die reichen Grabungsfunde von Alt-Paphos mit dem berühmtesten Aphrodite-Heiligtum der antiken Welt. Sprach man in der Antike von Aphrodite respektive ihrem römischen Pendant Venus, bezeichnete man sie oft einfach als die „Paphia". Ihre Kultstätte besaß eine so starke Anziehungskraft, dass sie von Pilgern aus dem gesamten griechisch-römischen Kulturkreis aufgesucht wurde.

Hier in Alt-Páphos genoss Aphrodite, die Große Göttin der Insel, jahrtausendelange Verehrung: vom Neolithikum bis zur Bronzezeit als namenlose und anikonische Fruchtbarkeitsgöttin, eine Muttergottheit wie Ischtar/Astarte, und ab der späten Bronzezeit unter griechischem Einfluss als schaumgeborene Aphrodite, wie von Hesiod und Homer überliefert. Fast 1600 Jahre lang, von der Zeit um 1200 v. Chr. bis zum Ende des vierten Jahrhunderts unserer Zeitrechnung, bestand das altehrwürdige Aphrodite-Heiligtum von Paleá Páfos/Kúklia ununterbrochen als Kultstätte.

Kolonisiert war das Gebiet von Alt-Páphos schon seit der Kupferzeit um 2800 v. Chr., so dass wir für diesen Raum eine Kult- und Siedlungskontinuität von nahezu fünftausend Jahren zugrunde legen können. In der späten Bronzezeit – also kurz vor dem Auftauchen der mykenischen Griechen - lässt sich in Alt-Páphos eine stadtähnliche Siedlung mit ähnlichen Strukturen wie Chirokitía und Énkomi nachweisen.

Doch hielten sich die Menschen auch noch in spätantik-frühchristlicher Zeit an ihre „nährende Göttin" – zum nicht geringen Leidwesen der christlichen Kirche. Der eigentliche Kultort Aphrodites geriet allerdings in Vergessenheit. Die Pilger der Kreuzfahrerzeit, die in Néa Páfos an Land gingen, bestaunten dort Saránda Kolónes als das überlieferte Heiligtum der „Paphia". So hieß bis zur Wende zum zwanzigsten Jahrhundert die byzantinische Kuppelkirche am Rande des Aphrodite-Grabungsareals Panajía Aphrodítissa (Muttergottes Aphrodite), bevor sie von der orthodoxen Kirche ihren offiziellen christlichen Namen Panajía Chrysopolítissa (Muttergottes der goldenen Stadt) erhielt.

Die Bevölkerung von Alt-Páphos gedachte der heidnischen Göttin nicht nur dem Namen nach. Jahrhundertelang – manche sagen, im Verborgenen bis heute – opferten sie ihr hier, am antiken heiligen Ort, Öl und Kerzen, Weihrauch und Basilikum. Ein Stein in der mykenischen Temenosmauer des

So sprach die Gewalt des Hephaistos und löste die Bande. Die beiden aber (Aphrodite und Ares), als sie aus den Banden gelöst waren, den gar so starken, sprangen alsbald auf und gingen: er (Ares) nach Thrakien, sie (Aphrodite) aber gelangte nach der Insel Kýpros, die gerne lächelnde Aphrodite: nach Páphos, da wo ihr ein Hain und ein Altar voll Opferrauch ist. Dort wuschen sie die Anmutgöttinnen und salbten sie mit Öl, dem unsterblichen, wie es glänzt an den Göttern, den immer seienden, und taten ihr reizende Kleider an, ein Wunder zu schauen.

(Odyssee VIII, 361–368, deutsch von Wolfgang Schadewaldt, Hamburg 1958)

Aphrodite, „wie ein Wunder zu schauen", wird erneut von ihrem Gemahl Hephaistos mit dessen Bruder Ares beim Ehebruch ertappt, und kehrt zurück zu ihrem heiligen Hain in Kúklia/Alt-Páphos. Der paphische Kult der Aphrodite auf Zypern hatte viele erotische Facetten. Unter anderem gehörte zum Aphrodite-Kult auch die Tempelprostitution (s. S. 12 f.). Wahrscheinlich beeinflussten die Wesenszüge der Liebesgöttin und die Inhalte ihres Kults für Jahrhunderte das gesellschaftliche Leben im antiken Zypern. Euripides preist in den *Bakchen* die Göttin und die holden Eroten. Athenaios von Naukratis weiß Anfang des 3. Jh. in Rom sogar zu berichten, dass die Mütter Zyperns ihre Töchter zu Meisterinnen der Liebeskunst erziehen würden. Vom antiken Heiligtum der Aphrodite sind nur spärliche Reste in Alt-Páphos erhalten. Ab der späten Bronzezeit um 1200 v. Chr. bis in die römische Zeit war das Heiligtum der Aphrodite eines der wichtigsten religiösen Zentren der antiken Welt. Der Temenosbereich aus der bronzezeitlichen Epoche war aus großen, sorgfältig bearbeiteten Kalksteinblöcken zusammengesetzt. Die Technik erinnert an die monumentalen mykenischen Burgen in der Argolis. Von den Temenoswänden sind nur noch geringe Teile im Westen und Süden erhalten. Unsere Fotos zeigen die Südwestecke aus der Zeit um 1200 v. Chr. Der Aphrodite-Tempel sah mit Sicherheit nicht so aus, wie wir uns griechische Tempel vorstellen. Vielmehr dürfte sich im Zentrum des heiligen Bezirks, der durch die Temenosmauer abgeschlossen war, eine kleine offene Kultanlage befunden haben, in der das Kultbild in Gestalt eines schwarzen, kegelförmigen Steines aufbewahrt wurde. Auf römischen Münzen ist das Heiligtum häufig abgebildet, eine für den Orient wohl bekannte Art der Fruchtbarkeitsverehrung. Die Göttin selbst wurde nicht als menschliche Person dargestellt und verehrt. Der Kultstein wurde an Festtagen im Freien mit Öl gesalbt; auf einem Altar loderte das heilige Feuer, das niemals mit Regen in Berührung kommen durfte.

Aphrodite-Heiligtums war Altar und Kultobjekt zugleich. Hier verehrten Frauen und Männer die Panajía Galaktotrophúsa (milchnährende Gottesmutter) und baten um Kindersegen. Erinnerungen an die uralten Steinidole und antike Tonfiguren werden wach: an nackte Frauen, die ihre Brüste in den Händen halten, an Frauen mit einem Kind in den Armen und an Schwangere bei der Entbindung. Die Darstellungen reichen weit in die kyprische Frühgeschichte zurück und zeigen die Große Göttin als Quelle aller Fruchtbarkeit für Menschen, Tier- und Pflanzenwelt.

Aphrodite als Vegetationsgottheit, die Sinnbild für den ewigen Kreislauf von Tod und Wiedergeburt ist, blieb auch nach dem Verbot aller heidnischen Kulte durch Theodosios I. im Jahr 391 n. Chr. in den Herzen der Menschen lebendig. Die „nährende Muttergottes" mag als einprägsames Beispiel dafür dienen. Sie wurde nicht nur am heiligen Ort der Aphrodite in Paleá Páfos verehrt, sondern fand auch bildhaften Eingang in das Repertoire der Ikonenmalerei, die heiligen Bilder der Ostkirche. Auch hierfür scheinen die Anregungen - wie beim heidnischen Aphrodite-Kult - aus orientalischen Religionen zu stammen. Die stillende Gottesmutter, die dem Kind ihre nackte Brust reicht, taucht in allen Jahrhunderten – wenn auch recht selten – in der Ikonen- und Freskomalerei der byzantinischen Kunst auf. Später wird das Motiv in vielfältigen Variationen auch von der italo-byzantinischen Kunst aufgegriffen.

Aphrodite hingegen scheint in Alt-Páphos stets anikonisch verehrt worden zu sein, wenn auch namhafte Forscher wie Erika Simon auf dem großen Goldring aus dem Schatz von Mykene (13./12. Jh. v. Chr.) Aphrodite in ihren heiligen Gärten erkennen wollen. Bereits in dieser frühen Darstellung hält die sitzende Göttin mit der Rechten ihre nackte Brust, ähnlich wie es zweitausend Jahre später die christlichen Ikonen zeigen. Antike Quellen berichten, dass „ein weißer Kegel aus unbekanntem Material" das Kultbild Aphrodites gewesen sein soll. Ein solcher konisch zulaufender Stein – nicht weiß, sondern grünlich-schwarz – wurde schließlich auch in dem Heiligtum gefunden und gehört heute zu den Attraktionen des Kúklia-Museums. Gestalt und Aussehen dieses Steins im Zusammenhang mit seinem heiligen Standort wohl unter freiem Himmel, nicht im Dunkeln und Verborgenen, sind uns von Darstellungen auf Münzen, griechischen Lokalprägungen der römischen Kaiserzeit, bekannt. Auch dieser Stein war den Bewoh-

39 Alt-Páphos

Die antiken Anfänge von Nikosía sind weitgehend unbekannt. Archäologische Untersuchungen gibt es bislang nicht. In assyrischen Quellen wird Nikosía Ledra genannt, das im 7. Jh. v. Chr. Assyrien tributpflichtig war. Um 294 v. Chr. gründete Ptolemaios I. Soter, ein erfolgreicher Feldherr Alexander d. Gr., an dieser Stelle den Stadtstaat Leukos (Levkos). Der Name blieb bis heute in der griechischen wie türkischen Bezeichnung Lefkoscha/Lefkosía für die Hauptstadt der Inselrepublik erhalten.
Das Stadtbild von Nikosía ist von der mittelalterlichen Festung der Venezianer geprägt. Unser Bild zeigt das Famagusta-Tor (Porta Giuliana), das Mitte des 16. Jh. von dem venezianischen Baumeister Giulio Savorgnano nach dem Vorbild des von Michele Sammicheli geschaffenen Lazaretto-Tores von Iráklion errichtet wurde. Das Tor auf Kreta ist nicht mehr erhalten.

nern von Alt-Páphos bereits vor seiner archäologischen Entdeckung vertraut. Er wurde von ihnen als Ajía Máwra (heilige Schwarze) verehrt. Gottheiten und die Heiligkeit eines Ortes werden eben nicht vergessen, man gibt ihnen nur neue Namen.

In einem Areal von circa 1,6 mal 1,2 Kilometern erforschen Archäologen der Universität Zürich seit 1966 das antike Stadtgebiet von Paleá Páfos. Mehrere Grabungsinseln, vor allem im Norden und Osten von Kúklia, gewähren erste Einblicke in die Siedlungs- und Stadtbaugeschichte vom zehnten bis zum vierten vorchristlichen Jahrhundert. Bereits in archaischer Zeit (um 700 v. Chr.) wurde die Stadt durch eine Befestigungsmauer geschützt, die man bis um 300 v. Chr. instand hielt. Im Bereich des Nordost-Stadttors, nahe dem Marchellós-Hügel, konnten etwa 110 Meter dieser Befestigung bis zu einer Höhe von 2,3 Metern freigelegt werden. Außerhalb des Stadttors hatten 498 v. Chr. die Perser bei ihrer Belagerung eine riesige Rampe aufgeschüttet, mit deren Hilfe sie die Stadt eroberten. Zwischenzeitlich ist diese von den Archäologen abgetragen worden. Die Páfioten gruben im Gegenzug Tunnel unter die Rampe, stützten sie mit Holzpfählen ab und steckten diese dann in Brand, womit sie zwar die Rampe teilweise zum Einsturz brachten, nicht aber die Einnahme ihrer Stadt verhindern konnten.

Südöstlich dieses Areals, bei dem Höhenzug Háji Abdúlla, entdeckten die Archäologen ein fast quadratisches palastartiges Gebäude aus der Zeit der Wende vom sechsten zum fünften Jahrhundert v. Chr. Seine Quadersteinbauweise erinnert an die achämenidischen Zentren Persiens. Wahrscheinlich diente dieses Bauwerk als Residenz der Perser oder des von ihnen eingesetzten Stadtkönigs in Alt-Páphos.

Gewiss werden die Fortschritte der Archäologen in den nächsten Jahrzehnten das Bild der antiken Stadt Paleá Páfos respektive die städtebauliche Entwicklung grundlegend erhellen, nicht aber Aufschluss über die Architektur des Aphrodite-Heiligtums bringen können. Unser Wissen über dessen Baugeschichte vom elften bis zum Ende des vierten Jahrhundert v. Chr. wird immer fragmentarisch bleiben. Zu viele Veränderungen haben die Römer bis in die frühchristliche Zeit vorgenommen und dabei historische Bausubstanz zerstört. Für Nicht-Archäologen ist es sehr schwer, in diesem Trümmerhaufen den Tempel der Aphrodite zu sehen, zumal nahezu alles aus der Zeit der griechischen Einwanderung um 1200 v. Chr. zerstört ist. Das so genannte Heiligtum II stammt aus römischer Zeit. Es besteht aus einer Nord- und Südstoa sowie einem Flankenbau im Osten mit dem antiken Zugang. Hinter der Südstoa erkennt man eine abgewinkelte Wand aus großen Monolithen, die zum Heiligtum I der mykenischen Epoche gehört. Am südlichen Ende dieser Wand verehrten in christlicher Zeit die Gläubigen ihre „milchnährende Gottesmutter“ und huldigten damit dem alten Kult der Aphrodite von Alt-Páphos.

Kítion und seine berühmten Söhne

Das antike Kítion ist identisch mit dem modernen Lárnaka. Man vermutet, dass der Name von *lárnax* stammt, der altgriechischen Bezeichnung für „Sarkophag", da man hier weitläufige Nekropolen mit antiken Gräbern gefunden hat. Doch *lárnax* heißt auch „Fahrzeug, Schiff" und könnte auf den Hafen verweisen. Die katholischen Feudalherren tauften die Stadt Salines oder Salina, nach dem großen Salzsee südlich der Stadt. Viele Einwohner Lárnakas nennen ihre Stadt aber auch heute noch liebevoll Skála, in Erinnerung an ein kleines Dorf, das direkt am Meer gegründet wurde, nachdem der alte Hafen verlandet war.

Der älteste Name Lárnakas lautet Kítion. Der Legende nach wurde Kítion von Kittim gegründet, einem Urenkel Noahs. Schon in der späten Bronzezeit (vor 1200 v. Chr.) existierte auf dem heutigen Stadtgebiet eine befestigte Siedlung. Archäologen konnten anhand spezifischer Funde nachweisen, dass dort Kupfer geschmolzen und verarbeitet wurde. Aus dieser frühen Epoche fand man sogar die Überreste einer Badestube mit zementiertem Fußboden. Nach der Zerstörung bauten griechische Mykener die Stadt wieder auf. Erst um das Jahr 1000 v. Chr. wurde Kítion aufgegeben. Rund hundert Jahre später kamen die nächsten Siedler: Die Phönizier legten den Handelsplatz Quart Hadasht an, die „neue Stadt", wie sie ihr Kítion nannten. Während die Assyrer im fünften Jahrhundert v. Chr. über Zypern herrschten, war Kítion eines jener weiterhin mehrheitlich von Phöniziern bewohnten Stadtkönigtümer, die von Dynastien regiert wurden. Erst unter den Ptolemäern im vierten Jahrhundert v. Chr. verschwanden die Stadtkönigtümer. In römischer Zeit war Kítion eine von zwölf oder dreizehn Städten der Insel.

Drei berühmte Männer sind mit der Geschichte der Stadt Lárnaka verbunden: Zunächst der attische Feldherr Kímon – Sohn von Miltiades, dem Sieger von Marathon (490) –, der 450 v. Chr. mit seiner Flotte nach Kítion segelte, um die Stadt von der Perserhoheit zu befreien. Doch Kímon erkrankte plötzlich und befahl vor seinem Tod den Griechen noch, ihre Belagerung abzubrechen. An der Uferpromenade erinnert heute ein Denkmal an jene missglückte Aktion.

Bekannter noch als der *strategós* Kímon ist der Philosoph Zenon, der um 334 v. Chr. in Kítion geboren wurde. Wohl schon 315 ging er nach Athen, wo er sich zunächst mit den Kynikern (griechisch: kýon, „Hund") befasste, deren Lehre Bedürfnis-, respektive Leidenschaftslosigkeit postulierte. Um 300 v. Chr. gründete er seine Philosophenschule der Stoá – benannt nach der Athener stoá poikíle, der Säulenhalle, wo der Meister lehrte. Diese Philosophie war eingeteilt in Logik, Physik und – als höchstes Gut – die Ethik. Nur durch die Befreiung von Emotionen, Affekten und Begierden gelangt der Mensch zur Tugend und damit zur Fähigkeit, jenes Vernunftprinzip zu erkennen, das der strengen Gesetzmäßigkeit der Welt zugrunde liegt, sich davon leiten zu lassen und so ein Weiser zu werden. Daher stammt der heute sprichwörtliche Ausdruck von der „stoischen Ruhe". Der berühmte kyprische (wahrscheinlich von Phöniziern abstammende) Philosoph starb im Jahr 263 v. Chr. in Athen.

Lazarus schließlich dürfte der wohl Bekannteste aus diesem Dreigestirn sein. Er soll - nach seiner Auferweckung durch Jesus - als erster Bischof in Kítion gewirkt haben und wird in der gesamten christlichen Welt verehrt. Lazarus, Bruder von Maria Magdalena und Martha sowie Freund Jesu, ist der einzige durch den Heiland vom Tode auferweckte Mensch. Diese Szene ist fester Bestandteil in beinahe jedem ikonographischen Bildprogramm. Die „Erweckung des Lazarus" findet man nicht nur in den Kirchen Zyperns, sondern in allem christlichen Kunstschaffen. Über dem Sarkophag mit der Bezeichnung „Lazarus" und dessen Gebeinen, den man der Legende nach 890 gefunden hat, wurde die Lazarus-Kirche errichtet. Sie ist noch heute die Haupt- und Bischofskirche der Stadt. Jährlich am neunten Tag vor dem Ostersonntag, dem Lazarus-Tag, wird dem Heiligen zu Ehren ein feierlicher Gottesdienst mit Prozession zelebriert, mit dem der Zyklus der Osterfeierlichkeiten beginnt.

Ein anderes religiöses Ritual findet am Pfingstmontag statt und hat den Charakter eines Volksfests. Der Kataklysmós (s. S. 13) geht der Überlieferung nach auf zwei Geschehnisse zurück: Zum einen erinnert er an die Rettung Noahs aus der Sintflut, zum anderen an die schaumgeborene Aphrodite. Um sich von seinen Sünden zu reinigen, taucht man an diesem Tag ins Meer, versucht, das vom Priester hineingeworfene Kreuz heraufzuholen oder besprüht sich gegenseitig mit Wasser. Die Ursprünge dieses Frühlingsfests liegen in der Antike.

Seine Hochzeit erlebte Lárnaka ab 1573 unter den Osmanen. Da Famagústa damals nur Muslimen zugänglich war, zogen europäische Kaufleute und Diplomaten nach Lárnaka, was der Stadt einen enormen wirtschaftlichen Aufschwung brachte. Zeitweise wohnten hier sogar mehr Menschen als in Nikosía. Unter britischer Herrschaft musste Lárnaka seine führende Rolle in der Wirtschaft an Famagústa abgeben. Dessen neu ausgehobener Hafen war inzwischen auch für größere Schiffe passierbar, so dass sich die Stadt allmählich zum Welthafen entwickelte.

Klassische, hellenistische und römische Epoche

Die Zeit der Klassik (475 bis 325 v. Chr.) ist für Zypern eine Phase der Orientierung. Der Vielvölkerstaat mit größtenteils griechischer und phönizischer Bevölkerung findet nicht zu politischer Einheit. Die Aufteilung der Insel in bis zu zehn Königreiche schwächt den inneren Zusammenhalt und leistet sowohl Angriffen von außen als auch innenpolitischen Konflikten Vorschub. 330 v. Chr. wird Zypern Teil des Reichs von Alexander dem Großen. Ende des vierten Jahrhunderts v. Chr. erlischt die eigenständige kulturelle Entwicklung der Insel.

Von nun an ist Zypern ein Teil der westlichen Welt, man spricht griechisch und gehört zu Europa. Ihre stets fruchtbare Mittlerrolle zwischen Orient und Okzident muss die Insel aufgeben. Zypern wird als Stützpunkt und Sprungbrett der westlichen Nationen in Richtung Orient zum Schlachtfeld und Zankapfel. Während der hellenistischen (325 bis 58/50 v. Chr.) und römischen Epoche (58/50 v. Chr. bis 395 n. Chr.) ist Zypern Bestandteil der jeweils mächtigsten Reiche im Mittelmeerraum. Zu Beginn der hellenistischen Ära, um 320 v. Chr., wird Alt-Páphos (Kúklia) aufgegeben und weiter westlich als Hafenstadt Néa Páphos (das heutige Páfos) neu gegründet. Neu-Páfos bleibt bis zu seiner Zerstörung im vierten Jahrhundert n. Chr. Hauptstadt und wirtschaftlicher Mittelpunkt der Insel.

Nach wie vor wird in Paleá Páfos der Aphrodite-Kult gepflegt. Weitere wichtige religiöse Zentren des spätantiken Zypern sind das Aphrodite-Hera-Doppelheiligtum in Amathús bei Límassol, die Verehrung des Apollon Hylates in Kúrion und der Zeus-Kult in Salamis. Eine äußerst bemerkenswerte architektonische Leistung des Hellenismus sind die Königsgräber des dritten Jahrhunderts v. Chr. von Néa Páfos (s. S. 69). Vom ptolemäischen Alexandria inspiriert, wurde aus dem gewachsenen Fels eine unterirdische Totenstadt herausgebrochen. Im Maßstab eins zu eins entstanden Peristylhäuser mit Lichthöfen im dorischen Stil. Von den offenen Säulengängen aus erreicht man die Grabräume mit mehreren Felskammern. Bei ihrer Entdeckung waren alle Gräber bereits geplündert. In den Königsgräbern wurden allerdings keine Könige, sondern „nur" Angehörige der Oberschicht bestattet.

Nachdem die Insel in den Jahren 58/50 v. Chr. nach einigem Hin und Her - es spielten dabei (schlecht verschleierte) strategische Interessen aufgrund ihrer geographischen Lage zu Ägypten wie auch ein dubioses Testament des letzten Ptolemäers eine Rolle - an das Römische Reich gefallen war, kam auch Zypern in den Genuss der Pax Romana und erlebte friedvolle, allerdings historisch wenig ereignisreiche Zeiten, wenn man einmal von der Christianisierung überhaupt und dem großen Judenaufstand von 115/116 absieht.

Am Ende der Römerzeit wird Zypern von einem schweren Erdbeben erschüttert. Nahezu jedes städtische Leben auf der Insel hört auf zu existieren. Nur Salamis ersteht in frischem Glanz und wird als Constantia neue Hauptstadt der Insel.

Wenn wir bei Plutarch lesen, wie M. Porcius Cato sich damit rühmt, er habe „aus Zypern mehr Schätze für Rom nach Hause gebracht als Pompeius mit all seinen Kriegen und Triumphen", dann verstehen wir, dass die heutigen archäologischen Funde auf der Insel nur zweite Wahl sein können. Herausragende Hinterlassenschaften der Römer sind die Privatbauten mit ihren überaus kunstvollen Fußbodenmosaiken, die jedem Vergleich mit anderen Werken des Römischen Imperiums standhalten. An den Beispielen von Néa Páfos und Kúrion lassen sich Ansätze für die Herausbildung der früh-

Zypern ist unendlich reich an Basiliken der frühchristlichen Epoche. Meist sind es drei- bis fünfschiffige Sakralbauten, oft besitzen sie zusätzlich noch eine Taufkirche für die Erwachsenentaufe. All diese Gebäude waren mit kostbaren Mosaiken, Fresken und Fußbodenmosaiken geschmückt. Da fast der gesamte Denkmalbestand im Laufe der Jahrhunderte zerstört wurde, sind vornehmlich nur noch die Grundmauern und die kostbaren Fußbodenmosaike erhalten. Unser Beispiel zeigt die Mosaike des östlichen Teils des Mittelschiffs der Basilika Ajía Trías von Jalússa aus dem 5. Jh. an der Nordküste der Halbinsel Karpasía. Das Mosaik ist teilweise von einem späteren Sakralbau überbaut.

christlichen Kunst und Ikonographie ablesen. Die Mosaike sind teilweise von so hoher Qualität, dass man vermutet, sie sind von griechischen Künstlern (aus Athen oder Rhodos) gefertigt. Sie bestehen aus kleinen, bunten Steinchen (tesserae) die mit gefärbten, fein geschnittenen Glasstückchen variiert wurden, um eine kontrastreiche und lebendige Farbigkeit zu erzielen. Neben geometrischen Motiven von großer Vielfalt und eindrucksvollem Formenreichtum fand man auch zahlreiche Darstellungen, die Themen der griechischen Mythologie zum Inhalt haben.

Kleine bunte Steine erzählen Geschichten

Boden-, Wand- und Gewölbemosaike. Das Bedürfnis der Menschen, profane Bauten und Kulträume kunstvoll zu verzieren, ist uralt. Auf Zypern und im Mittelmeerraum überhaupt begegnet man diesen verschiedenen Dekorationsformen seit der minoischen Epoche. Die Technik des Mosaikschmucks für Fußböden, Wände und Gewölbe hingegen ist vergleichsweise jung. Platten aus verschiedenen Gesteinsarten - als fester und zugleich kostbarer Bodenbelag – kennen wir aus Tempeln, Palästen und reichen Privathäusern des östlichen Mittelmeerraums spätestens seit dem dritten Jahrtausend v. Chr. Bereits in vorgriechischer Zeit wurden derartige Platten zu kleinen Steinen zurechtgeschnitten und zu geometrischen Mustern zusammengefügt. Die bisher ältesten bekannten figuralen Motive bei Bodenmosaiken im griechischen Siedlungsraum sind jene im „Haus des Glücks" in der Stadt Olýnth auf der Halbinsel Chalkídhiki. Sie stammen aus dem vierten Jahrhundert v. Chr. Neben Darstellungen aus der Ilias sind dort tanzende Satyrn und Mänaden zu sehen, also Wesen aus dem Gefolge des Gottes Dionysos. Hierbei handelt es sich um Themen, die auch in späteren Mosaiken auf Zypern häufig erscheinen.

Rund hundert Jahre jünger sind die Mosaike aus dem makedonischen Pélla, der Hauptstadt Philipps II. und Alexanders des Großen. Diese frühen Mosaike von Olýnth und Pélla sind aus etwa daumennagelgroßen Kieseln zusammengesetzt. Die farblich fein aufeinander abgestimmten Steinchen wurden

Nach der Anerkennung des Christentums durch Theodosius I. als Staatsreligion im Römischen Reich übernahmen die Christen für die Ausschmückung ihrer Gotteshäuser Motive aus dem Festzyklus des Dionysos (s. S. 45). Mit Vorliebe wurden die Fußbodenmosaike mit phantasievollen geometrischen Motiven und lebendigen Tierdar-

in das noch weiche Mörtelbett gedrückt. Die Umrisse der figürlichen Motive sind zuweilen mit Bleidraht oder Keramikscherben vorgezeichnet. Verwendete man in Olýnth nur weiße und schwarze Kiesel, so sind in Pélla auch bunte zu sehen. Ein in dieser Technik aus schwarzen, grauen und weißen Kieseln gefügtes Mosaik aus dem frühen zweiten Jahrhundert v. Chr. existiert auch noch im Vorgängerbau der „Villa des Dionysos" in Néa Páfos (s. S. 46). Das Bodenbild zeigt das bellende sechsköpfige Seeungeheuer Skylla in der Meerenge von Messina, dem Odysseus einst nur mit knapper Not entrann (Od. XII, 73ff.).

Diese Kieselmosaike wichen bald der bis heute bekannten Mosaiktechnik. Um eine dichtere und glattere Oberfläche zu erhalten, aber auch um Schattierungen und Farbabstufungen wie in einem Gemälde anbringen zu können, entwickelten die Künstler ein neues Verlegeverfahren. Nun wurden die Steine in Würfel mit einer Kantenlänge von 0,2 bis 2 Zentimeter geschlagen und in die Trägerschicht verlegt. Neben Natursteinen bediente man sich auch keramischen Materials, vor allem für Rottöne. Auf Glaswürfel wurde wegen ihrer geringeren Haltbarkeit nur selten, meist für Blautöne, zurückgegriffen. Zu den ältesten Bodenmosaiken, die aus Würfeln (tesserae) bestehen, gehören diejenigen in den Villen reicher Handelsherren auf der Ägäis-Insel Delos. Diese Mosaikböden werden auf das zweite Jahrhundert v. Chr. datiert.

Wand- und Gewölbemosaiken liegt dieselbe Technik zugrunde wie den Bodenmosaiken. Die bunten Wandverkleidungen hielten zunächst vor allem in Brunnennischen und Thermen Einzug, also dort, wo Putz durch die Einwirkung der Nässe bald seiner Bemalung verlustig gegangen wäre. Brunnenhöfe wie in Pompeji (1. Jh. n. Chr.), Thermen wie etwa in Ostia bei Rom (3. Jh. n. Chr.) und im kyprischen Salamis (frühes 4. Jh. n. Chr.) sind einprägsame Beispiele dafür. Da die *tesserae* in Wand- und Gewölbemosaiken keiner mechanischen Abnutzung unterlagen, überwogen hier bald die Glaswürfel. Da diese in allen und gerade auch in besonders kräftigen Farben angefertigt werden konnten, erreichten Wandmosaike bald die leuchtende Farbigkeit von Gemälden. Goldene Mosaikwürfel, die seit dem fünften Jahrhundert vor allem in sakralen Darstellungen zu finden sind, haben den zusätzlichen Vorteil, Licht zu reflektieren, so dass beim Betrachter der Eindruck entsteht, die göttlichen Gestalten seien von goldenem Glanz umgeben. Goldglas-*tesserae* werden hergestellt, indem man farblose flüssige Glasmasse auf einen flachen, polierten Stein gießt. Auf die glatte Unterseite des erkalteten Glaskuchens wird Blattgold aufgetragen und anschließend mit einer dünnen Glasschicht bedeckt. Die so doppelt beschichtete Glasplatte wird in Würfel geschnitten. Das seit dem sechsten nachchristlichen Jahrhundert nachweisbare Silberglasmosaik wurde auf gleiche Weise hergestellt.

stellungen gestaltet. Vögel und Meerestiere sollten den Gläubigen beim Betreten der Kirche an das Paradies und an die von Gott geschaffene Schöpfung erinnern. Unsere drei Beispiele stammen alle aus dem 5. Jh. und gehören zu den Basiliken von Kúrion (linkes und rechtes Bild) und von Solí an der Nordküste der Mórfubucht (mittleres Motiv).

Die meisten der profanen Bodenmosaike mit figuralen Motiven, die in Zypern bis heute freigelegt werden konnten, entstanden zwischen dem dritten und fünften Jahrhundert n. Chr. und zierten weitläufige Privathäuser. Deren Vorbilder dürften die heute meist nicht mehr existierenden Paläste und Villen von Mitgliedern der regierenden Herrscherhäuser gewesen sein. Wohnhäuser mächtiger Beamter oder reicher Grundbesitzer und Handelsherren waren luxuriös ausgestattet: Sie besaßen Innenhöfe mit Brunnen, eine eigene Therme, oft zwei Speiseräume, einer – im Norden des Baukomplexes gelegen – war im Sommer kühl, der andere lag an der Südseite und war im Winter wohl temperiert.

Diese Villen dienten als Orte der Begegnung. Der Hausherr empfingt Untergebene, Pächter und Bittsteller und gab aufwendige Bankette für Freunde und Bekannte. Bei derartigen Gelagen pflegte der Dominus seine Gäste mit auserlesenen Speisen ebenso zu beeindrucken wie mit den künstlerischen Darbietungen zwischen den zahlreichen Gängen. Diese Einladungen von Familien der Oberschicht boten die Gelegenheit, vor den Standesgenossen mit Reichtum, Geschmack und Bildung zu glänzen. Die Gastgeber wetteiferten mit seltenen Speisen und ungewöhnlichen Arten, diese zu servieren. So wissen wir etwa von Pärchen gezähmter Sittiche, die kleine Wagen mit dem Nachtisch herbeizogen. Es muss Speiseräume gegeben haben, deren Deckenkassetten vermittels unsichtbarer Mechanismen zu öffnen waren, so dass es Parfüm und Rosenblätter auf die Tafelnden regnete oder auch kostbare Gastgeschenke herabgelassen werden konnten. Diesem Aufwand entsprach der üppige Schmuck der Decken und Wände.

Auch Zimmer von minderem Anspruch waren oft unverhältnismäßig reich ausgestattet. Bis heute haben sich jedoch nur deren Bodenmosaike erhalten. Ihr Grundthema ist die Lebensfreude. Um dieses Motto künstlerisch umzusetzen, griff man auf traditionelle, in ihrer Aussage allgemein bekannte Bildmotive zurück. Besonders häufig begegnet man Dionysos, dem Gott des Weines und der Fruchtbarkeit. Er ist Quell und Symbol rauschhaften Daseinsglücks der Menschen. Er spendet Speisen und Getränke in Fülle, ihm sind Musik, ekstatischer Tanz und die Freuden des Eros ebenso zugeordnet wie das ernsthaftere Vergnügen des Theaters.

Auch nachdem sich das Christentum als Staatsreligion des Römischen Imperiums durch Theodosios´ I. Verbot der alten heidnischen Kulte etabliert hatte, behielten die Christen die Motive des dionysischen Themenkreises als Ausdruck des allgemein menschlichen Wunsches nach Daseinsgenuss und Lebensfreude bei. Erst ab dem frühen achten Jahrhundert werden solche Darstellungen rar.

Die von polnischen Archäologen ausgegrabenen Stadthäuser betuchter Bürger in Néa Páfos zeigen in ihren Bodenmosaiken einen exemplarischen Querschnitt aus dem dionysischen Bilderrepertoire.

Zunehmend der Zerstörung preisgegeben liegt südlich der alten Küstenstraße das Achilleus-Mosaik von Kúrion. Es stammt bereits aus dem 4. Jh. und stellt eine spannende Szene aus dem Achilleus-Mythos dar:
Thetis, die Meeresgöttin, war schon bei der Geburt ihres Sohnes Achilleus in großer Sorge um ihn, da sie ihn von dem sterblichen Peleus, dem König von Phthia, empfangen hatte. Mit aller Macht wollte sie ihn unsterblich machen. Sie salbte ihn mit Ambrosia, tauchte ihn in das Wasser des Flusses Styx, als ahnte sie, dass Achilleus von den Göttern auserwählt war, die Entscheidung im Kampf um Troja herbeizuführen. Der Seher Kalchas verkündete den Griechen, dass sie nur mit Hilfe des Achilleus gegen Troja siegreich sein würden. Nach dem Willen der Götter sollte Achilleus aber vor Troja den Tod erleiden. Voller Sorge und Ahnung brachte Thetis ihren Sohn zum Königshof des Lykomedes auf Skýros und ließ ihn als Mädchen verkleidet unter den Töchtern des Königs aufwachsen. Doch Odysseus kam auf der Suche nach Achilleus auch nach Skýros. Er brachte kostbaren Schmuck für die Töchter mit, aber auch einen Schild und einen Lanze. Aus der Ferne ließ er die Kriegstrompete blasen. Und während die Töchter nach dem Schmuck griffen, warf Achilleus seine Frauenkleider ab und stürzte sich auf Schild und Lanze. Diese Szene, als Achilleus den Schild mit seiner linken Hand ergreift, ist auf dem Mosaik festgehalten. Links oben erkennt man noch die Beischrift: ΑΧΙΛΛΕΥΣ.

Im *Haus des Dionysos* erscheint der Gott selbst, thronend auf einem von Leoparden gezogenen Wagen, den ein Satyr zu erklimmen versucht. Es ist Ikarios zu sehen, jener Mensch, den Dionysos einst die Kunst des Weinbaus lehrte. Es finden sich die Allegorien der vier Jahreszeiten, deren Reigen in der Wiederkehr von Sommer und Herbst den Menschen die Früchte der Erde beschert.

Bekannte Themen aus klassischen Sagen spielen auf die Bildung des Hausherrn an und dienen zugleich als willkommener Vorwand, im Bild des Mythos erotische Szenen zum Vergnügen des Betrachters darzubieten: Zeus entführt in Gestalt eines Adlers den schönen Knaben Ganymed, seinen künftigen Mundschenk; Poseidon und die liebliche Amymone; Apollon und die scheue Daphne; die tragischen Liebespaare Pyramos und Thisbe, Hippolytos und Phädra sowie der in sich selbst verliebte Narziss.

Im *Haus des Theseus* ist der athenische Königssohn samt seiner Geliebten Ariadne zu sehen. Gaben derartige Bilder beim luxuriösen Gelage Anlass für geistreiche oder auch anzügliche Gespräche, so war es das kostbare, meist silberne Tafelgeschirr, das den Gästen den Reichtum des Hausherrn glanzvoll vor Augen führte. Bezeichnenderweise sind silberne Kannen, Platten oder Griffschalen auch im Formenschatz dieser Mosaike anzutreffen.

Bis in unsere Tage steigert es das gesellschaftliche Ansehen, wenn man sich nicht nur seiner Bildung und seines Reichtums, sondern auch seines Jagdglücks rühmen kann. Dies galt offensichtlich auch für die Antike: Drei Viertel des großen Mosaikteppichs, der das zentrale Atrium im Haus des Theseus umgibt, sind Jagdszenen vorbehalten! Das Ansehen des Hausherrn mehrten auch seine Tugenden, die als Personifikationen in den Mosaiken auftauchen.

Ein besonders schönes Beispiel bietet das *Haus des reichen Eustólios* in Kúrion westlich von Límassol. Im Frigidarium von dessen Therme ist am Ende eines lang gestreckten Bodenmosaiks im runden Rahmen die Büste der Ktisis, der „Schöpferkraft", zu sehen. Diese Gestalt, die von der Größe des „Hausgründers", also des Hausherrn Eustólios, kündet, ist durch die Beischrift zu benennen. Sie hält in der Rechten einen wohl bronzenen Stab von knapp dreißig Zentimetern, der Länge eines römischen Fußes.

Allegorischen Darstellungen der guten Eigenschaften des Patronus begegnet man besonders häufig in Bodenmosaiken von Villen, die im Einflussbereich der strahlenden Metropole Antiochia lagen. Dazu gehörten auch die Städte Zyperns. Vom hohen Rang des Hausherrn künden schließlich auch in die Mosaikböden eingefügte Inschriften. Bisweilen enthalten sie Namen und Rang des Ei-

Die handwerkliche Tradition der Mosaikkunst geht auf profane Bauten der Römer zurück, ist also nicht erst während der frühchristlichen Epoche entstanden. Schon die Wände und gewölbten Flächen in den großen Thermenanlagen wurden mit Mosaiken ausgestattet, da sie wasserbeständiger waren als das einfache Mauerwerk.
Im Sudatorium (Warmluftraum) der römischen Thermen vom Gymnasion in Salamis sind Mosaikfragmente aus der ersten Hälfte des 4. Jh. erhalten. Auf Seite 49 oben ist zu sehen, wie der Jüngling Hylas von Nymphen verführt wird.
Die Fußbodenmosaike aus der Kampanópetra-Basilika von Salamis (Seite 49 unten) sind ein seltenes Beispiel für die Ausführung mit kleinen, geschnittenen Marmorsteinen, die, farblich nuanciert abgestimmt, zu wunderschönen geometrischen Formen zusammengefügt wurden. Die Basilika stammt aus dem 6. Jh. und ist mit ihren Dimensionen von 120 m Länge und 35 m Breite eine der monumentalsten frühchristlichen Sakralbauten des gesamten Mittelmeerraums.
Zur Wende des 4./5. Jh. entstand in Kúrion das prächtige Wohnhaus eines Privatmanns, das nach ihm benannte Haus des Eustólios. Die hier ausgeführten Fußbodenmosaike zeigen eine unglaubliche Schöpferkraft. Das gesamte Repertoire der antiken Bildersprache wurde aufgegriffen. Eine Inschrift (Seite 48) verkündet den geistigen Wandel der Zeit: Es werden nicht mehr heidnische Götter gepriesen, sondern Christus: „Anstelle von großen Steinen, anstelle von Eisen, glänzender Bronze und rotem Sandelholz gründet dieses Haus auf den verehrten Symbolen Christi!"

gentümers und geben oft wertvolle Aufschlüsse zur Datierung des jeweiligen Kunstwerks. Das Haus des Eustólios birgt mehrere solche Hinweise.

Fußbodenmosaike als Hausschmuck waren in der Spätantike nicht Ausdruck einer kurzlebigen Mode, sondern wurden über Generationen hinweg ergänzt und erneuert. So sind große Teile der Mosaike im Haus des Eustólios erst zu Beginn des fünften Jahrhunderts entstanden. Gleiches gilt für das Haus des Theseus, wo man auf die „Tötung des Minotaurus" trifft. Noch etwas jünger dürfte die ebenfalls zum erotischen Themenkreis zählende Darstellung mitten im Eingangsraum eines Hauses auf der Akropolis von Kúrion sein: Hier ist die Enttarnung des unter den Töchtern des Königs Lykomedes versteckten Achilleus zu sehen (Abb. S. 46).

Die meisten Bodenmosaike in ***christlichen Sakralbauten*** Zyperns datieren aus dem fünften bis siebten Jahrhundert. Baptisterien und Atrien, Vorhallen und Schiffe der Basiliken sind mit prachtvollen Steinteppichen ausgelegt. Wie auch andernorts im Mittelmeerraum verzichten diese Mosaike auf die Abbildung traditioneller mythologischer Themen, wie man sie in Privathäusern derselben Zeit noch allenthalben findet. Es herrschen geometrische Muster vor, die – entsprechend umgeformte – Pflanzen- und Tiermotive enthalten können. Der Reichtum der oft überaus kunstvoll und komplex ausgestalteten Mosaikböden steigert sich meist mit wachsender Nähe zum kultischen Zentrum, dem Altar.

Unter den Tierdarstellungen in profanen wie in christlichen Räumen finden sich Vierbeiner, Vögel und Meerestiere, die zoologisch recht genau bestimmbar sind. Möglicherweise sollte ein christlicher Betrachter an das Paradies oder an die von Gott gesegnete fruchtbare Erde erinnert werden. Entwicklungsgeschichtlich gesehen haben wir hier jedoch die Reste des dionysischen Themenkreises vor uns, der die Fruchtbarkeit von Land und Meer feierte. Auch brotgefüllte Körbe, Trinkgefäße und Weinreben lassen sich aus dieser heidnischen Tradition deuten. Und lediglich, wenn ganz bestimmte Motive – respektive ihr Darstellungszusammenhang in einem Mosaik – sichere Hinweise auf christliches Glaubensgut geben, sollten diese auch als symbolische Gaben der Eucharistie – Brot und Wein – interpretiert werden. Denn nicht jeder Fisch im Bodenmosaik einer Kirche ist ein Hinweis auf „Jesus Christus Sohn Gottes (und) Retter", auch wenn das griechische Wort ΙΧΘΥΣ (Fisch) aus den Anfangsbuchstaben des eben zitierten Namens Christi besteht.

Auf den ersten Blick könnte man den so genannten Heraklesknoten den rein geometrischen Ornamenten zurechnen. Allerdings ist er ein althergebrachtes magisches Zeichen, das Übel von christlichen Sakralbauten fernhalten sollte.

Selten finden sich Abbildungen kostbar verzierter Gefäße, wie etwa die einer Doppelhenkelkanne in der Hauptkirche von Kúrion. Es wäre vorschnell,

in derartigen Motiven ausschließlich christliches Kultgerät zu sehen. Auch hier könnte der antike Betrachter zwar an ein liturgisches Gefäß gedacht haben; das Motiv lässt sich in jedem Fall aber aus dem Repertoire der Hausmosaike und damit aus der antiken Tradition von Kult- und Haushaltsgegenständen ableiten.

Wie in Bodenmosaiken anderer Kirchen des Mittelmeerraums spielen auch in denen des spätantiken Zypern die Stifterinschriften eine wichtige Rolle: Die einzelnen Abschnitte eines kostspieligen Bodenbelags wurden üblicherweise von verschiedenen Mitgliedern der Gemeinde finanziert. Der Stifter wurde namentlich im Gottesdienst erwähnt.

In den spätantiken Kirchen der Insel begegnet man zahlreichen Bodenmosaiken. Als exemplarisch können sowohl die in den Basiliken von Néa Páfos (Basilika Chrysopolítissa), Kúrion und Péjia am Kap Dhrépanon an der Westküste als auch die in der Ajía Triás-Kirche auf der Halbinsel Karpasía im Nordosten gelten.

Gymnasion und Palästra waren schon bei den Griechen die wichtigsten Einrichtungen für die geistige und körperliche Ertüchtigung der Jugend. Es waren Übungsstätten für sportliche und musische Agone. Die Palästra, wie auf unserem Beispiel aus Salamis (2. Jh.), entwickelte sich zu einem quadratischen Peristylhof, der von offenen Ringhallen umgeben war. Im Schatten der Säulenhalle und in dem mit Bäumen bestandenen Hof der Palästra absolvierten die jungen Männer ihre sportlichen Übungen. Mädchen und Frauen waren nicht zugelassen. In der römischen Epoche fügte man den Gymnasien oft (wie in Salamis, s. S. 49) Thermen hinzu. Zum Gymnasion gehörten neben der Palästra Studienräume, Bibliotheken und Vortragsräume. Das Wort Gymnasion leitet sich von „gymnós“ (nackt) ab, da die Jugendlichen ihren Sport nackt ausübten, auch bei den Olympischen Spielen!
Die Bildung von Körper und Geist war zentrales Thema im Erziehungsmodell der Griechen. So entwickelten sich aus den Gymnasien in den antiken Metropolen Griechenlands oft da, wo autochthone Heiligtümer existierten, berühmte Philosophenschulen, wie zum Beispiel die Akademie des Platon in Athen.

Famagústa - Énkomi - Salamis

Geschichte dreier Städte – Geschichte einer Stadt

Die Region Famagústa war über vier Jahrtausende neben Páfos das bedeutendste Siedlungsgebiet auf Zypern. Fruchtbare Böden in der westlichen Messaoría-Ebene, eine Bucht mit einem natürlichen Hafen und die günstige geographische Lage der Stadt an der Ostküste förderten diese Entwicklung. Der Standort von Hafen und Stadt wechselte freilich mehrfach. Man muss sich also nicht durch etliche Schichten Kulturschutt bis ins zweite Jahrtausend vor Christus graben, um ihre Ursprünge zu ergründen: Drei verschiedene Ansiedlungen auf engem Raum bezeugen ein Stück Menschheitsgeschichte. So wie die Lage der Stadt immer wieder neu gewählt wurde, so änderte sich auch ihr Name: Alásia/Énkomi steht für die Älteste von ihnen. Salamis blühte in griechischer und Constantia in römischer Zeit. Ammóchostos („im Sande versunken“), ein bescheidenes Fischerdorf, war der Vorgänger Famagústas, das im Mittelalter zu einer Weltmetropole avancierte.

Schon im siebzehnten Jahrhundert v. Chr. entstand nahe dem heutigen Dorf Énkomi, das in Texten aus Ugarit und Ägypten Alásia genannt wird, eine Siedlung mit bedeutenden Werkstätten für die Verhüttung von Erzgesteinen. Als sich die Handelsbeziehungen Zyperns durch die Gewinnung und die Ausfuhr von Kupfer zu seinen Nachbarn auf Kreta und im Orient intensivierten, entwickelte sich aus dem Dorf um 1550 v. Chr. eine große kosmopolitische Stadt. Hier lebten die Menschen, die in den Werkstätten Metalle schmiedeten und das Rohkupfer weiterverarbeiteten. Das wertvolle Material wurde auf Schiffe verladen und exportiert. Wahrscheinlich besaß Énkomi einen eigenen, durch einen Kanal mit dem Meer verbundenen Binnenhafen. Als im dreizehnten Jahrhundert v. Chr. die Einwanderungswelle der griechischen Achäer einsetzte, wurden monumentale öffentliche Gebäude, Tempel und Heiligtümer aus massiven Steinblöcken errichtet.

Das durch eine gewaltige Stadtmauer geschützte rechtwinklige Straßensystem von Énkomi mit seinen zahlreichen *insulae*, den Wohneinheiten, war während ihrer Entstehungszeit das Modernste, was es auf dem Gebiet der damaligen Stadtbaukunst gab. Ein eigenartiger Brauch erinnert an das neolithische Chirokitía: Die Lebenden und die Toten wohnten im selben Haus, denn die Menschen bestatteten ihre Verstorbenen unter dem Fußboden ihrer Stuben. Der „gehörnte Gott“ auf einem kupfernen „Ochsenhautbarren“ war wohl die Schutzgottheit für die Kupferproduktion in Énkomi (Abb. 23). Er kam in einem kleinen Stadtheiligtum zutage und zählt heute zu den Attraktionen des Zypernmuseums. Ähnlich geformte Barren, nur viel größer und mit kyprischen Schriftzeichen versehen, entdeckten Archäologen in Ajía Triádha auf der Insel Kreta, ein wichtiger Beweis für die Handelsbeziehungen der damaligen Zeit. Die Archäologen machten in Énkomi noch andere herausragende Funde: mykenische Vasen mit feinem Dekor, Alabastervasen, Schmuck aus Gold und Silber, eine silberne Schale mit eingelegter Goldverzierung und vieles mehr.

Zu Beginn des elften Jahrhunderts v. Chr. wurde Énkomi verlassen. War es eine Naturkatastrophe, etwa ein Erdbeben, ein Feind von außen, waren es interne Zwistigkeiten oder gab der Kupferexport nichts mehr her, weil die Eisenzeit angebrochen war?

Nachdem die Stadt aufgegeben wurde, kamen neue Einwanderer aus der Ägäis nach Zypern. Weiter ostwärts, direkt an der Küste, entwickelte sich ein neues Zentrum: Salamis. Der Sage nach soll Teukros, ein Sohn des Talomon, des Königs von Salamis in Attika, die neue Stadt gegründet haben. Er folgte einem Orakel Apollons und benannte die Siedlung nach seiner Vaterstadt. Bereits im elften Jahrhundert v. Chr. bestanden Handelsbeziehungen mit den umliegenden Ländern des Nahen Ostens. Salamis wuchs weiter, dehnte sich über eine riesige Fläche aus und wurde zu einem der unabhängigen Stadtkönigtümer Zyperns.

In den Nekropolen entdeckten Archäologen Unglaubliches: Ganze Pferdegespanne waren zu Ehren der Toten geopfert worden. Im Grab mit der Num-

mer 79 fand man zwei Pferdeskelette mit Geschirr aus Metall, ein Bett, einen Thron aus Elfenbein und einen großen Bronzekessel.

Während der Ptolemäerzeit beherrschte die Stadt die gesamte Insel, sie war zum Mittelpunkt Zyperns geworden. Eine neuerliche Blüte erlebte sie unter den Römern. Zwar musste sie nun ihren Rang als Metropole an Páfos abtreten, doch verlor sie deshalb nicht an Einfluss und Reichtum. So wurde beispielsweise im zweiten Jahrhundert n. Chr. die Palästra des Gymnasiums neu errichtet und mit kostbaren Marmorstatuen ausgeschmückt.

Ein schweres Erdbeben zerstörte 342 n. Chr. die Stadt. Ein weiteres Mal wurde sie, wenn auch bedeutend kleiner, wieder aufgebaut. Kaiser Konstantínos II. (reg. 337 bis 361) war der Spiritus Rector des Unternehmens. Auf seinen Befehl wurden die neuen Bürger von den Steuerzahlungen befreit. Ihm zu Ehren erhielt die Stadt nun den Namen Constantia, der sich allerdings langfristig nicht durchsetzte. Mehrere monumentale frühchristliche Basiliken, ein Gymnasium und das Theater sowie eine riesige Zisternenanlage zeugen von ihrem einstigen Reichtum.

Die heute sichtbaren Ruinen von Salamis stammen alle aus dieser Zeit, der zweiten Hälfte des vierten und dem frühen fünften Jahrhundert. Vom gesamten Stadtareal sind bisher jedoch nicht mehr als zehn Prozent freigelegt.

Das siebte Jahrhundert brachte Salamis/Constantia den Untergang. Seit 647/648 zwangen immer wiederkehrende Arabereinfälle und Raubzüge zahlreicher Piraten die Menschen zum Verlassen der Stadt. Doch mit dem Ende von Salamis brach die Zukunft Famagústas an: viele Einwohner zogen in den weiter südlich gelegenen kleinen Fischerort Arsínoë um, der im dritten Jahrhundert v. Chr. durch Ptolemaios II. Philadelphos (reg. 283/82 bis 246 v. Chr./Alleinherrscher) gegründet worden war und den Namen seiner Frau trug. Später wurde dieser Ort von seinen neuen Bewohnern Ammóchostos („im Sand versunken") genannt, das ist die noch heute gebräuchliche griechische Bezeichnung für Famagústa.

Im dreizehnten Jahrhundert begann unter den französischen Lusignans der Aufstieg Famagústas und des Königreichs Zypern. Durch die Niederlage der Kreuzfahrer im Heiligen Land nahm die Stadt eine einzigartige Stellung als Handelsmetropole im östlichen Mittelmeer ein. König Henri II. (reg. 1285 bis 1324) von Zypern gewährte den Flüchtlingen aus Akko und anderen Städten der Levante Asyl. Gotische Kirchen und Handelshäuser wurden in großer Zahl errichtet. Famagústa avancierte zur Krönungsstadt der Könige von Jerusalem. Anfang des vierzehnten Jahrhunderts sollen in ihr mehr als

Salamis, die Geheimnisvolle! Noch liegen fast 90 Prozent der antiken Gebäude von Salamis unter der schützenden Erde. Nur die sichtbaren hellenistischen und römischen Hinterlassenschaften ragen aus dem Erdreich heraus, setzen ein Zeichen dafür, dass es hier noch vielerlei Geheimnisse der vergangenen Epochen zu entdecken gibt. Die Kolonnadenstraße von Salamis verbindet das Gymnasion, vorbei an dem noch nicht ausgegrabenen Amphitheater, mit dem Theater, das in der Antike 17000 Zuschauern Platz bot.

53 Famagusta, Énkomi, Sa amis

Eleganz und Schönheit der Palästra von Salamis wurden in der Antike viel gelobt. Unser Foto mit den Säulen korinthischer Ordnung und der Fußbodengestaltung aus Marmor im Verlegemuster opus alexandrinum und opus sectile (geometrische Motive aus bunten kleinen Marmorplatten) vermitteln einen Eindruck von dem ehemaligem Glanz der Palästra.
Vor den Wänden und in kleinen Apsidiolen der Säulenhallen standen überlebensgroße Marmorstatuen (oben). In römischer Zeit waren sie meist kopflos, damit man die Statue jederzeit mit einem neuen Kopf (eines neuen Günstlings/Herrschers) versehen konnte.
Welch geheimnisvolle Prunkstücke noch in der Tiefe der Erde auf ihre Entdecker warten, lässt die 16,1 cm hohe, geschnitzte Elfenbeintafel erahnen (unten). Die geflügelte Sphinx mit der Krone von Ober- und Unterägypten ist eine Arbeit aus einer nordsyrischen Werkstatt vom Ende des 8. Jh. v. Chr. Ursprünglich schmückte das Täfelchen die Armlehne eines hölzernen Throns, den man im Grab 79 der Nekropole von Salamis gefunden hat.

Reinste französische Gotik auf Zypern! Wie kommt es zu dieser Entwicklung? Nach der verheerenden Niederlage der Kreuzfahrer im Heiligen Land, nach dem Fall von Akko im Jahre 1291, mussten die Kreuzritter ihren letzten christlichen Stützpunkt endgültig den ägyptischen Mamelucken überlassen. Damit wurde Zypern und ganz speziell Famagústa die Königin der Levante. Fortan scheute man keine finanziellen Mittel mehr, um Nikosía und Famagústa als würdige Residenzstädte auszubauen. Die bereits 1209 begonnene Sophien-Kathedrale in Nikosía wurde zügig vollendet, so dass sie 1326, im gleichen Jahr wie die Nikolaus-Kathedrale in Famagústa, für die erst 1298 der Grundstein gelegt wurde, eingeweiht werden konnte. Noch immer gaben die Lusignans Jerusalem nicht verloren, man hoffte und plante eine Rückeroberung, auch wenn die Stadt längst wieder in Händen der Muslime lag. Dementsprechend wurden beide Kathedralen mit Blick in die Zukunft als Krönungskathedralen genutzt: In Famagústa krönten die Lusignans ihren König

von Jerusalem, um ihn anschließend in Nikosía zum König von Zypern zu krönen.
Seite 56 zeigt die Westfassade der Nikolaus-Kathedrale in Famagústa. In ihrem Aufbau erinnert sie an die Kathedrale von Reims, wobei das zypriotische Beispiel strenger ist als ihr mit wunderbaren Skulpturen geschmücktes französisches Gegenstück.
Am 1. August 1571 kapitulierte Famagústa nach einjähriger Belagerung durch die Osmanen (s. S. 165). Seit mehr als 400 Jahren wird die ehemalige Kathedrale nun als Moschee mit dem Namen Lala Mustafa Pascha verehrt.

70 000 Menschen gelebt haben - für mittelalterliche Verhältnisse wahrhaftig eine Großstadt! Die bedeutenden italienischen Handelshäuser unterhielten in Famagústa Filialen. 365 Kirchen soll Famagústa damals besessen haben, für jeden Tag des Jahres eine. Wer fragte da nach den Lebensbedingungen der Menschen aus dem gemeinen Volk, die als Fronbauern den größten Teil ihrer ohnehin kargen Einkünfte an die katholischen Herren abzugeben hatten?

1570/71 kam das Ende aller Pracht. Zwar hatten die herrschenden Venezianer noch versucht, die Stadt durch den Ausbau ihrer Befestigungen gegen einen Sturmangriff der Osmanen zu sichern – immerhin widerstand Famagústa auch elf Monate lang den Angriffen –, doch am Ende musste Kommandant Marcantonio Bragadino ein „ehrenvolles" Kapitulationsabkommen mit dem osmanischen Eroberer Lala Mustafa Pascha unterzeichnen. Schweren Herzens übergaben die Venezianer den Osmanen die damalige Hauptstadt der Insel – im Vertrauen auf den zugesicherten freien Abzug. Aber die geschlossenen Verträge waren nichts wert, die Osmanen hielten sich nicht an die Waffenstillstandsbedingungen: Die venezianischen Offiziere wurden ermordet, die anderen Verteidiger als Sklaven verkauft. Christen wurden in Famagústa nicht mehr geduldet. Einwanderer aus Anatolien siedelten sich innerhalb der Mauern an. Famagústas gewachsene Handelsbeziehungen waren abgebrochen, die Stadt versank in Lethargie. Südlich der Festungsmauern, in einem Gebiet, das den Namen Varóscha trug, entstand ein neuer Ort für die griechisch-orthodoxe Bevölkerung.

Páfos

Das heutige Páfos wurde um das Jahr 320 v. Chr. gegründet. Damals verlegte der letzte König Nikokles die Stadt von Alt-Paphos (Kúklia, s. S. 37) hierher. Deshalb trug die Stadt auch über Jahrhunderte den Namen Néa Páfos. Grund des Umzugs waren wahrscheinlich wirtschaftliche und handelspolitische Erwägungen: Eine Küstenstadt ohne Hafen musste im Wettbewerb zwangsläufig ins Hintertreffen geraten, das sprach für eine Neugründung an einer sicheren Bucht mit gutem Ankerplatz. Das neue Páfos unterlag ebenso wie die alten Stadtkönigtümer schon bald den mächtigen Diadochen Alexanders des Großen: Zypern wurde 294 v. Chr. zur Provinz der Ptolemäer. Páfos löste daraufhin Salamis als Inselmetropole ab und erlebte seine Blütezeit. Schnell wurde es zu einem Garnisons- und Verwaltungssitz mit rechtwinkligem Straßennetz ausgebaut. Heute ist davon allerdings nur wenig zu sehen: In den Jahren 15 v. Chr., 76/77 n. Chr. sowie im vierten Jahrhundert erschütterten verheerende Erdbeben die Stadt. Außerdem wurde Páfos nach der Machtübernahme Roms im Jahr 58 v. Chr. mehrfach baulich verändert. Auch die Römer behielten Páfos als Hauptstadt; erst gegen Ende ihrer Herrschaft erlangte Salamis diesen Rang wieder zurück. Nach zahlreichen Erdbeben und Heimsuchungen durch arabische Seeräuber wurde Páfos bedeutungslos. Während des ersten Kreuzzugs gingen zwar verschiedentlich Pilger im Hafen von Páfos an Land, doch gegen Ende des fünfzehnten Jahrhunderts berichtet ein Dominikanermönch, dass die Stadt in Trümmern liege und niemand bereit sei, sie wieder zu errichten. Der Baedeker-Reiseführer über Kleinasien bezeichnet Páfos im Jahr 1914 als „ärmliches Dorf von 300 Einwohnern“.

Ebenfalls im fünfzehnten Jahrhundert wird erstmals Ktíma, das „neue Páfos“, erwähnt. Oberhalb der antiken Metropole entstand am Platz der heutigen Innenstadt ein Dorf dieses Namens. Bis heute wird Páfos formal in Ktíma, die obere Stadt, und Néa Páfos oder Káto Páfos, die untere Stadt, unterteilt. Was für Verwirrung sorgt, ist die Tatsache, dass „Neu-Páfos“ wesentlich älter ist als Ktíma. Den meisten Páfioten ist die Unterscheidung heute aber einerlei: Die gesamte Stadt trägt inzwischen den Namen Páfos.

Osmanisches Kastell. Vielleicht wurde bereits bei der Gründung von Néa Páfos gegen Ende des vierten Jahrhunderts v. Chr. an dieser Stelle eine antike Hafenbefestigung errichtet. Der quadratische Turm im Zentrum der Anlage hingegen stammt mit Sicherheit in seinen Grundmauern von den Lusignans. Nach Restaurierungen durch die Venezianer und Osmanen (1579) entschied sich Achmed

An der Westseite des malerischen Hafens von Páfos erhebt sich ein mittelalterliches Kastell, das über Jahrhunderte mehrfache Zerstörungen und Restaurierungen erlebt hat. Eine arabische Inschrift über dem Portal erwähnt den osmanischen Gouverneur Achmed Pascha von Zypern, der das Kastell 1592 restaurieren ließ. 1222 von den Lusignans gegründet, haben Franken und Venezianer der Festung ihre architektonische Gestalt gegeben.

Pascha 1592 für einen neue „starke Burg“, wie aus der Bauinschrift über dem Portal hervorgeht.

Die römischen Villen mit ihren Bodenmosaiken. Im antiken Hafenareal von Néa Páfos entstanden zwischen dem zweiten und vierten Jahrhundert n. Chr. mehrere luxuriös ausgestattete Atriumhäuser mit wundervollen Bodenmosaiken. Insgesamt umfassten die Häuser mehr als 15000 Quadratmeter Wohnfläche, die sämtlich mit Mosaiken ausgeschmückt waren. Etwa 2500 Quadratmeter davon sind erhalten und entführen den Besucher in die Welt der Aristokratie Zyperns zur Römerzeit. Diese Bilder illustrieren das tägliche Leben der Menschen, sie erwecken Mythen zu neuem Leben und sind ein Spiegel der damaligen Kultur.

Haus des Aion. Von allen in Neá Páfos entdeckten Mosaiken haben die Darstellungen in dieser Villa die heftigsten Diskussionen ausgelöst. Die These des polnischen Ausgräbers Wiktor Daszewski, der mit einem Nimbus abgebildete Dionysosknabe sei eine Erlöserfigur und damit eine Reaktion auf die konstantinische Politik, respektive auf die dadurch

In dem römischen Haus des Aion von Páfos konnten sehr gut erhaltene Fußbodenmosaike im Tri clinium, dem Speisezimmer der Villa, aus dem 1. Viertel des 4. Jh. freigelegt werden. Unser Detail zeigt den thronenden Götterboten Hermes, wie er den Dionysosknaben mit Heiligenschein Tropheus und den Nymphen in Begleitung von Ambrosia, Nektar und Theogonnia zur Erziehung überreicht. In diesem Bildnis erkennen wir das ikonographische Vorbild für die Darstellung der thronenden Muttergottes mit dem Christusknaben (s. S. 63).

sanktionierte staatliche Anerkennung des Christentums, wird von den meisten Forschern abgelehnt. Der Dionysosknabe auf dem Schoß des Hermes ist für Daszewski „vor allem eine Offenbarung, eine Epiphanie des neugeborenen höchsten Gottes vor den Menschen". Er fährt fort:

Die zutiefst heidnische Aussage der neu entdeckten Mosaiken ist besonders auffällig. Es besteht kein Zweifel, dass diese Darstellungen in einem Umkreis von Menschen entstanden, die sich zutiefst mit alten Traditionen und Glaubensvorstellungen verbunden fühlten und genau mit den Mythen und der Geschichte der Götter vertraut waren. […] Gleichzeitig lässt die Wiedergabe des alten Traditionsgottes jedoch eine neue, spätantike Glaubenskonzeption durchscheinen, eine spezielle Art des Monotheismus, in dem die verschiedenen Gottheiten lediglich Verkörperungen ein und desselben Gottes – des neuen Dionysos – werden. Man schöpft Verdacht, dass diese Bemühungen auch das Ziel verfolgten, ein Gegengewicht zur Last der neuen Werte zu schaffen, die vom Christentum, seit kurzem als offizielle Religion im Imperium Romanum anerkannt, verkündet wurden.

Daszewski (S. 39, 44 f.

Wendet man sich allerdings dem Gesamtbild und nicht nur der Einzelszene mit Dionysos und Hermes zu, so wird augenfällig, dass die ganze Komposition genussvolles Leben mit üppigen Mahlzeiten, mit Tanz und Musik zum Grundthema hat. Mit anderen Worten, die Künstler trugen dem Geschmack der damaligen Zeit Rechnung und gestalteten den überlieferten Mythos der „Ankunft des Dionysosknaben bei den Nymphen" zeitgenössischen Bildvorstellungen entsprechend um. Die Darstellung zeigt aber auch, dass die „moderne" römische

Ebenfalls aus dem Haus des Aion stammt die Szene „Musikwettbewerb zwischen Apollon und Marsyas“. Auch in diesem Bildnis erkennen wir den neuen (christlichen) Zeitgeist: Apollon mit einem „christlichen“ Nimbus! Thronend stützt sich der Sieger auf seine goldene Kithara und gibt den Befehl, dem Verlierer Marsyas bei lebendigem Leib die Haut abzuziehen. Unten bittet Olympos mit seiner ausgestreckten Rechten flehend um Gnade.

Kunst ihre Impulse sowohl auf christliche wie auch auf antike Inhalte übertragen konnte: So wird etwa Dionysos auf dem Schoß von Hermes zum Vorbild der Muttergottes mit dem Christuskind.

Das 1983 freigelegte Bauwerk lässt sich auf der Basis eines Münzfunds mit Stücken, die in der Zeit von 318 bis 324 n. Chr. emittiert wurden, ziemlich genau in das zweite Viertel des vierten Jahrhunderts datieren. Demnach entstanden Architektur und Mosaike nur wenige Jahre nach 312, dem Siegesdatum Konstantins des Großen über seinen Rivalen Maxentius am Pons Milvius in Rom, und der ein Jahr später erfolgten Proklamation des Mailänder Toleranzedikts, der offiziellen Anerkennung des Christentums als – mindestens – gleichberechtigte Religion im Römischen Reich. Der wieder errichtete Gebäudeteil war ursprünglich ein Triclinium, das Speisezimmer der römischen Villa. (Auf diese Raumfunktion geht im Übrigen der Ausgräber bei seiner Dionysos-Erlöser-These überhaupt nicht ein.) Auf dem u-förmigen Teil des Mosaiks, der nur geometrische Motive zeigt, standen drei oder vier Klinen, auf die sich die Gäste zu Tisch „legten“. Beim Essen lauschte man der Musik, führte angeregte Gespräche oder erfreute sich am Anblick des Dionysos-Mosaiks im Mittelpunkt des Raums. Die fünf Szenen des Mosaiks gehören alle dem dionysischen Themenkreis an und sollten von unten nach oben „gelesen“ werden: „Der Triumphzug des Dionysos“; „Der Musikwettstreit zwischen Apollon und Marsyas“; „Der Schönheitswettbewerb zwischen der äthiopischen Königstochter Kassiopeia und den Töchtern des Nereus“; „Leda und der Schwan“; „Geburt und Erziehung des Dionysos“. Die Mosaike zählen zu den Meisterwerken spätrömischer Kunst auf Zypern und stehen dem so ge-

Die Geburt und das Bad der Unsterblichkeit des Achilleus aus der Theseus-Villa von Páfos, 2. Hälfte 2. Jh. (s. auch Abb. S. 88).

nannten schönen Stil mit seinen Reminiszenzen der Klassik sehr nahe.

Haus des Theseus (s. auch S. 46). Größe und Ausstattung dieser Villa veranlassten die Archäologen zu der Annahme, sie könnte die Residenz des römischen Prokonsuls von Páfos gewesen sein. Das Gebäude wurde im Stil eines hellenistischen Peristylhauses in der zweiten Hälfte des zweiten Jahrhunderts n. Chr. errichtet. Es bedeckt eine Gesamtfläche von fast 9500 Quadratmetern und wurde im vierten Jahrhundert erheblich verändert. Die Bodenmosaike entstanden in mehreren Phasen während der Zeit vom Ende des dritten Jahrhunderts bis zum fünften Jahrhundert. Bisher konnten etwa 1400 Quadratmeter Mosaikboden freigelegt und restauriert werden. Die Säulenhallen des Zentralhofs und viele andere Räume sind vorwiegend mit geometrischen Mustern ausgelegt. Von den Mosaiken mit figuralem Bildschmuck seien hier zwei vorgestellt:

Das Theseus-Mosaik schmückt den Apsidenraum an der Südostecke des Atriums: Das Kreismotiv greift den Apsidialabschluss des Raums auf und bewirkt so eine gelungene Gesamtkomposition. Das mythologische Thema ist eindeutig durch Beischriften bestimmbar. Im Zentrum des Bildes steht der siegreiche Theseus, der den Minotauros (rechts unten) bezwungen hat. Links beobachtet Ariadne interessiert das Geschehen, während rechts die Personifikation Kretas erscheint. Die Köpfe von Theseus und „Kreta" wurden gegen Ende des vierten Jahrhunderts n. Chr. nach Erdbebenschäden erneuert.

Das Achilleus-Mosaik entstammt dem fünften Jahrhundert. Am Königshof der Myrmidonen sitzt Peleus, der Sohn des Aiakos, mit seinem Zepter in der Hand auf dem Thron und verfolgt das Geschehen. Hinter ihm warten die drei Moiren, die Schicksalsgöttinnen: Klotho mit einer Spindel und einem Spinnrocken in der Hand, Lachesis mit einem Diptychon und Atropos mit einer geöffneten Schriftrolle, auf der die Zukunft des Kindes geschrieben steht. Auf der Kline neben dem König liegt Thetis, die Mutter des Achilleus. Das für uns interessanteste Detail ist links unten dargestellt: das Bad der Unsterblichkeit. Die Amme Anatrophe hält den Halbgott Achilleus auf dem Schoß. Ambrosia bringt

Schönheitswettbewerb zwischen der äthiopischen Königin Kassiopeia und den Töchtern des Nereus, Sohn des Pontos (Meer) und der Gaia (Erde), aus dem Haus des Aion. Auf der nur fragmentarisch erhaltenen linken Hälfte ist die Siegerin Kassiopeia zu erkennen (hier nicht zu sehen). Unsere Darstellung zeigt die rechte Hälfte der Szene. In der Mitte sitzt auf einem Meereskentauren die Schönste der Nereiden, Thetis, die später die Gemahlin von Peleus und Mutter von Achilleus wird. (Sie ist auf dem Mosaik auf Seite 62 bei der Geburtsszene des Achilleus zu sehen.) Links und rechts von Thetis erscheinen ihre Schwestern Doris und Gallatia. Ganz oben beobachten Zeus und Athena das Geschehen.

in einer Amphora frisches Wasser – wohl aus dem Unterweltfluss Styx – für das erste Bad des Kindes, mit dem Achilleus die Unsterblichkeit erlangen soll. Doch – so der Mythos – die Mutter fasst den Kleinen ungeschickt am Fuß, taucht ihn ein, ohne dass das Wasser die von der Hand bedeckte Ferse des Jungen benetzen kann. So bleibt Achilleus sterblich; er ist zwar nur an seiner „Achillesferse" verwundbar, wird jedoch vor Troja von Paris getötet. Und genau diese Badeszene - Achilleus auf dem Schoß seiner Amme sitzend - findet Eingang in die Darstellungen der Geburt Christi. Symbolisch wird damit den frühen Christen aufgezeigt, dass ihr Messias, der Sohn der Jungfrau Maria, einer Sterblichen, kein Halbgott, sondern Gottes Sohn ist.

Haus des Orpheus. Das erst 1984 freigelegte Gebäude ist noch nicht vollständig erforscht. Bis heute sind etwa 600 Quadratmeter des Atriumhauses untersucht worden. Die Bodenmosaike dürften an der Wende vom zweiten zum dritten Jahrhundert n. Chr. entstanden sein, sie sind teilweise von hervorragender Qualität. Bisher wurden folgende Mosaike mit figuralen Motiven publiziert: „Herakles im Kampf gegen den Nemeischen Löwen", die erste Arbeit des Helden, und die Darstellung einer Amazone mit Pferd, die an Abbildungen der römischen Dioskuren erinnert. Vielleicht gehört auch dieses Motiv zu einem Herakles-Zyklus, denn als neunte Arbeit musste der Heros der Amazonenkönigin Hippolyte ihren Kraft spendenden goldenen Gürtel abnehmen. Das eindrucksvollste Kunstwerk dieser Villa – nicht nur seiner Größe wegen – ist das Bild „Orpheus und die wilden Tiere".

Haus des Dionysos (s. auch S. 46). Sternstunden der Archäologie sind nicht selten dem Zufall zu verdanken. Und dann wundert man sich, dass über Jahrhunderte nur eine Grasnarbe sensationelle Hinterlassenschaften vergangener Epochen dem Zugriff der Menschen verbarg. So geschah es 1962 in Páfos, als ein Bauer mit seinem Bulldozer einen Acker für die neue Saat umpflügte und dabei auf viele bunte Steinchen stieß. So kam man auf die Spur des bis dahin spektakulärsten Mosaikenzyklus der Insel: ein Atriumhaus von etwa zweitausend Quadratmetern Grundfläche mit 556 Quadratmetern Mosaikboden aus der Wende vom zwei-

Haus des Dionysos. Detail des Mosaiks mit der Darstellung „Kultivierung des Rebstocks und Kelterung des Weins“ (Wende vom 2. zum 3. Jh.). Die Inschrift über den beiden torkelnden Männer lautet: „Von den beiden Ersten, die Wein tranken“.

ten zum dritten Jahrhundert n. Chr. Die Patriziervilla, einst vielleicht Sitz eines Statthalters, zumindest aber eines hohen Beamten, erstand auf den Grundmauern eines hellenistischen Vorgängerbaus. Dafür spricht ein Hortfund von 2484 hellenistischen Tetradrachmen, der bislang bedeutendste Münzfund Zyperns. Die zwischen 204 v. Chr. und 88 v. Chr. emittierten Silbermünzen lagen in einer Amphora, auf die man bei Grabungsarbeiten etwa fünfzig Zentimeter unter dem Mosaikfußboden von Raum 6 stieß. Mit dem Fund dieser antiken „Sparbüchse“ begann die bis heute andauernde Erforschung von Néa Páfos.

Von den umfangreichen geometrischen und figuralen Motiven der Fußbodenmosaike seien nur die wichtigsten vorgestellt: Vom Vorgängerbau aus dem späten vierten oder frühen dritten Jahrhundert v. Chr. ist noch ein Kieselmosaik erhalten. Die dargestellte Szene zeigt das Ungeheuer Skylla aus Homers *Odyssee*, das den listenreichen Helden in der Meerenge von Messina in die Tiefe zu reißen versucht. Es ist zugleich das einzige Mosaik ganz Zyperns, das in der Tradition der hellenistischen Kieselsteintechnik steht, wie wir sie vor allem aus Pélla kennen, der Hauptstadt Alexanders des Großen. Das Mosaik Phädra und Hippolytos zeigt zwei räumlich und zeitlich getrennte Momentaufnahmen. Rechts oben im Bild symbolisiert ein Amor mit einer brennenden Flamme die glühende, aber einseitige Liebe der Phädra zu ihrem Stiefsohn Hippolytos. Soeben hat sie dem Sohn durch eine Botschaft ihre Liebe offenbart. Nun wartet sie sehnsüchtig auf die Erfüllung. Hippolytos hingegen liest das Liebesgeständnis seiner Stiefmutter mit Schrecken, da er ihre Gefühle nicht erwidern kann.

Das Motiv Dionysos und Ikarios erzählt von der Kunst des Weinbaus, der Kultivierung des Rebstocks und der Kelterung von Trauben. In der Mitte des Bildes steht Ikarios, der erste Winzer, mit einem Ochsenkarren voller Weinschläuche. Er hat Dionysos Trauben und der Nymphe Akme Wein überreicht. Beide laben sich an den Köstlichkeiten. Hier erkennen wir die wahren Genießer, die gemäßigten Weintrinker. Doch der Künstler weist auch auf die Gefahren des Übermaßes hin: Am rechten Bildrand grölen und prügeln sich zwei Männer. Die Beischrift spricht „von den beiden Ersten, die Wein tranken“ …

Silberteller aus dem Schatz von Lámbussa, der 1902 zusammen mit acht weiteren Tellern in dem gleichnamigen Dorf im heute türkisch besetzten Teil der Republik geborgen wurde. Ein Siegel des byzantinischen Kaisers Herakleios (610-641) rückt die Datierung des Funds in die erste Hälfte des 7. Jh., ikonographische Details lassen eine sichere Zuordnung für die Jahre 627 bis 630 zu. Dargestellt sind auf den neun Tellern Szenen aus der Vita von König David. Unser Beispiel zeigt die Hochzeit des altisraelitischen Königs (1004-998 v. Chr.) mit Michal, der Tochter von Saul, König der Israeliten von 1012 bis 1004 v. Chr. (Zypern-Museum Nikosia). Zwei weitere Teller des Schatzes, „David spielt vor Saul Harfe" und „David erlegt einen Bären", befinden sich ebenfalls in Nikosia, die anderen Stücke gehören zu den Beständen des Metropolitan Museum of New York.

Das Tablinum, die offene Empfangshalle, die zum Atrium führt, wurde höchstwahrscheinlich auch als Speisezimmer genutzt. Die Anordnung der Mosaike entspricht jener des Tricliniums im Haus des Aion und deutet auf große Symposien hin. Im Zentrum des Mosaiks stehen Themen der Weinlese, kombiniert mit Jagdszenen; es ist an drei Seiten von zwei unterschiedlich gemusterten Dekorstreifen gerahmt. Über den äußeren reichten die Diener den Gästen Speisen und Getränke. Die Klinen für die Gäste standen auf dem inneren Rahmen. Die phantasievollen und fröhlichen Einzeldarstellungen aus dem Motivrepertoire der Weinlese sind jeweils so platziert, dass die beim Mahl liegenden Festgäste von allen Seiten die „Erzählungen" des farbenprächtigen Mosaikteppichs betrachten konnten. Die Eingangsseite im Osten schmückt gleich einem „Türvorleger" ein Mosaik mit figuralen Motiven. Rechts und links davon erscheinen die Dioskuren Kastor und Pollux. Die mythischen Zwillinge führen je ein Pferd mit sich und halten Speere in den Händen. Der Stern über ihren Köpfen symbolisiert einen soeben glücklich beendeten Kampf und deutet auf das Hauptthema des Mosaiks hin: auf den Triumphzug des Dionysos, der von einem siegreichen Feldzug aus Indien zurückkehrt. Der junge Gott sitzt auf einem zweirädrigen Streitwagen, der von zwei indischen Panthern gezogen wird. Der Panther wird fortan zum bedeutendsten Attribut des Dionysos. In seinen Händen hält der Gott den mit Efeu geschmückten Thyrsos-Stab, eine Art Zepter mit Kiefernzapfen an der Spitze. In seinem Gefolge sehen wir links einen Satyr mit leerem Weinschlauch, Pan, den gehörnten Gott des Waldes, einen indischen Sklaven und zwei dionysische Begleiterinnen mit Thyrsos und einem geheimnisvollen Kästchen. Silenus, der ständige Begleiter des Gottes, führt den Zug an. Ein dunkelbärtiger Tierpfleger an der rechten Seite - kein Inder! - bemüht sich, die Tiere zu besänftigen. Daneben erkennen wir zwei Musikanten mit einer Zimbel und einer Posaune.

Saránda Kolónes – Die Burg der vierzig Säulen.

Allein schon sein Name, Saránda Kolónes („vierzig Säulen"), verleiht diesem Bauwerk etwas Geheimnisvolles. Die Reisenden des fünfzehnten und sechzehnten Jahrhunderts glaubten in diesen vierzig

Säulen ein Heiligtum der Aphrodite zu erblicken. Später sah man in der festungsartigen Anlage das in der Literatur überlieferte byzantinische Kastell. Noch heute geistert diese Theorie in der modernen Reiseliteratur herum. Die von 1981 bis 1986 durchgeführten Untersuchungen des Dumbarton Oaks Institute in Washington ergaben allerdings eindeutig, dass die Festung eine Gründung Amaury de Lusignans aus der Zeit nach 1193 sein muss.

Noch vor ihrer Vollendung wurde die Trutzburg bei dem Erdbeben von 1222 zerstört. Den Namen „Saránda Kolónes" erhielt das Kastell im Volksmund, weil als Baumaterial Spolien, Architekturfragmente und vierzig Säulen von der antiken Agorá verwendet worden waren. Die Zahl vierzig könnte dabei als Anspielung auf die vierzig Märtyrer der christlichen Kirche gelten. Nach 1222 diente das Gebäude als Zuckerrohrmühle.

Ajía Kiriakí Chrysopolítissa, Kirche und Basilika. Bereits am Ende des vierten Jahrhunderts wurde in Néa Páfos nach dem Bautypus der konstantinischen Basilika eine Bischofskirche mit sieben Schiffen errichtet. Seit 1600 Jahren wird an diesem alten heiligen Ort die christliche Liturgie gefeiert. Heute gehen die Gläubigen zur Ajía Kiriakí in die nachbyzantinische Kreuzkuppelkirche. Sie erhebt sich auf dem Bauschutt des frühchristlichen Gotteshauses. Man steigt regelrecht in die Geschichte „hinunter", um an die Wurzeln des Christentums von Páfos zu gelangen: Die altchristliche Kirche liegt etwa zwei Meter unter dem heutigen Geländeniveau. Monolithische Säulen des basilikalen Altarraums wachsen aus dem Erdreich heraus, eine davon vereint sich mit der Apsiswand der spätbyzantinischen Kirche, als wolle sie – gleich einem Brückenschlag – die Verbindung von den Ursprüngen des Christentums bis in unsere Zeit herstellen. An dieser Stelle ist das Bodenmosaik der Basilika besonders gut erhalten und von ausgezeichneter Qualität. Im Altarbereich sind einige bauliche Veränderungen aus dem sechsten Jahrhundert erkennbar. Damals wurde die Basilika auf fünf Schiffe verkleinert und teilweise mit einem neuen Bodenschmuck versehen. Im Westen führten ehemals Stufen vom Narthex zum Atriumhof hinunter, wo Fragmente eines großen Reinigungsbrunnens gefunden wurden. Im älteren Mosaikfußboden des nördlichen Seitenschiffs konnten zwei griechische Inschriften gesichert werden. In einem Medaillon mit Weinstöcken und Reben ist Psalm 42.2 zitiert: „Wie der Hirsch lechzt nach frischem Wasser, so schreit meine Seele, Gott, zu dir."

Nördlich von Basilika und Kirche der Ajía Kiriakí Chrysopolítissa (heiliger Sonntag der goldenen Stadt) errichteten die Lusignans am Ende des drei-

Ajía Kiriakí Chrysopolítissa, Kirche und Basilika: Im Vordergrund sieht man Säulenstümpfe der dreischiffigen gotischen Basilika, die Ende des 13. Jh. von den Lusignans nördlich der frühchristlichen Basilika für den Franziskanerorden errichtet wurde. Die nachbyzantinische Kirche Ajía Kiriakí aus der Zeit um 1500 erhebt sich über die beiden nördlichen Seitenschiffe der konstantinischen Basilika, die in der 1. Hälfte des 6. Jh. erneut umgebaut wurde.

1100 Jahre Baugeschichte sind auf diesem Foto zu sehen: Das Fußbodenmosaik und die hohen monolithischen Säulen gehören der siebenschiffigen Basilika aus dem frühen 5. Jh. an. Davor erkennt man Reste der Apsis der um zwei Schiffe verkleinerten Kirche, die nach der Zerstörung des Gründungsbaus durch ein Erdbeben Anfang des 6. Jh. neu erstand. Das Quadermauerwerk am linken Bildrand gehört zu der gotischen Kirche Ajía Kiriakí aus der Zeit um 1500 (s. auch S. 66/67).

zehnten Jahrhunderts für die Franziskaner eine dreischiffige gotische Basilika mit Atrium. Von den Baugliedern dieses Gotteshauses stehen noch Mauer- und Pfeilerreste bis zu einer Höhe von etwa 1,5 Metern. Im Atrium ragt ein monolithischer Marmorsäulenstumpf aus der Erde heraus. Um ihn rankt sich die Legende, dass Paulus bei seinem Besuch in Páfos an diese Säule gefesselt und hier gegeißelt worden wäre. In der Apostelgeschichte (13,4-13), die über Paulus' Reise im Jahr 45 berichtet, finden wir allerdings keinen Hinweis darauf.

Die Solomoní-Grotte. An der Hauptstraße, der Apostólou Pavloú Richtung Ktíma, fällt auf der rechten Seite ein seltsamer Baum auf, der über und über mit Tüchern und Stofffetzen behangen ist; hier führen Stufen zu einer Grotte hinunter. Sind das etwa Relikte eines heidnischen Kultes im christlichen Zypern? Der Brauch, Tücher in einen Baum zu hängen, um damit etwas von einer Gottheit zu erbitten, hat tatsächlich antike Ursprünge. Er stammt wahrscheinlich aus dem Orient und ist heute noch in der islamischen Welt gebräuchlich. Auch auf Zypern ist er mehrfach vertreten, in Griechenland hingegen nahezu unbekannt.

Tief in der Höhle entspringt eine Quelle. Baum und Quelle sind gleichermaßen für ihre Heilkraft bei Augenleiden berühmt. Der Name der Grotte, Solomoní, geht auf eine makkabäische Märtyrerin zurück, die 166 v. Chr. durch Antiochos IV. Epiphanes (175 bis 164 v. Chr.), König der Seleukiden, gemeinsam mit ihren sieben Söhnen qualvoll hingerichtet wurde. Die im Zuge seiner strikten Hellenisierungspolitik stattfindenden blutigen Übergriffe auf die jüdische Bevölkerung Jerusalems waren im selben Jahr der Auslöser für den Makkabäer-Auf-

Rechts der Hauptstraße von der Küstenpromenade nach Ktíma liegt die Solomoní-Grotte (s. S. 68). Ein Baum, vollgehängt mit einer bunten Tücherpracht, zieht alle Aufmerksamkeit auf diese scheinbar abstruse Merkwürdigkeit. An die Zweige binden die Besucher nach uralter Tradition ehrfurchtsvoll Tücher, verbunden mit guten Wünschen und Hoffnungen. Doch nicht der Baum ist das Objekt der Verehrung, sondern die uralte Grotte der jüdischen Heiligen Solomoní.

stand. Die vorchristliche Jüdin wurde schon sehr früh auch von den Christen des Ostens als heilige Solomoní verehrt. Bereits seit dem vierten Jahrhundert sind Abbildungen von ihr in christlichen Kirchen bezeugt. Das Presbyterium von Santa Maria Antiqua in Rom birgt ein Fresko aus dem siebten Jahrhundert, auf dem sie gemeinsam mit dem thronenden Christus dargestellt und als „Haghia Solomone" bezeichnet wird. Der Ort ihrer Verehrung in Páfos ist eine unterirdische Nekropole aus dem Hellenismus. Das größte der Felsengräber wird seit alter Zeit als Kapelle der Ajía Solomoní verehrt. In der Apsis sind Fragmente von Fresken aus dem späten zwölften Jahrhundert erhalten, die das ungeübte Auge kaum mehr erkennen kann. Eine ikonographische Besonderheit bildet der doppelte Melismós: Christus ist als das geopferte Lamm Gottes in einem Opferkelch und – zugleich – in einer Opferschale dargestellt.

Die Königsgräber. Um es vorweg zu sagen, königliche Gräber sind es nicht, die in der Nekropole nördlich der antiken Stadt besichtigt werden können. Einige dieser aus dem Felsen herausgemeißelten „Totenwohnungen" sind jedoch so aufwendig und pompös gestaltet, dass man ihnen aufgrund ihrer eindrucksvollen Architektur das Attribut „königlich" verliehen hat. Die Grabbauten der Reichen sind als unterirdische Atriumhäuser im dorischen Stil gearbeitet und teilweise ausgemalt, sie erinnern in ihrer Konzeption an die prunkvollen Villen der Lebenden von Páfos. Die Nekropole erstreckt sich nördlich der antiken Stadtmauer über mehr als zwei Kilometer. Sie wurde vom dritten Jahrhundert v. Chr. bis zum dritten Jahrhundert n. Chr. benutzt. Nur im nördlichsten Teil findet man die monumentalen „königlichen" Felsengräber. Sie bestehen jeweils aus einem großen Hof mit umlaufenden Säu-

Westlich vom Páfos-Hafen breitet sich parallel zur Küste ein weites steiniges Gelände aus, das im Frühjahr einem bunten Paradiesgarten gleicht.
Auf unbedarfte Betrachter wirkt es eher wie ein Steinbruch als wie eine archäologische Fundgrube.
Aus dem Fels sind prachtvolle Atriumhäuser für die Toten herausgearbeitet worden. Die umfangreiche Gräberanlage nennt man aufgrund ihrer großartigen Felsenarchitektur „Königsgräber", auch wenn hier nie Könige ihre letzte Ruhe fanden.

lenhallen (Peristyl) sowie aus unterschiedlichen Räumen, die zu Mehrfachbestattungen ganzer Familien und sogar mehrerer Generationen dienten. Die einfachen Bürger wurden in oberirdischen Kammergräbern oder in Felsgruften bestattet. Die großen Atriumhäuser boten während der Christenverfolgungen vielen Gläubigen Zuflucht. Schwere Erdbeben im ersten und zweiten Jahrhundert führten zu Zerstörungen und Umbauten. Später wurde die Nekropole als Steinbruch genutzt. Als die Archäologen 1977 mit der Erforschung des Areals begannen, mussten sie feststellen, dass Grabräuber nahezu alle Grabbeigaben gestohlen hatten.

Die Hotels entlang der Straße von Néa Páfos nach Coral Bay überdecken ebenso wie die Hotels östlich der Stadtmauer im Bereich des Paphos Beach Hotels teilweise ganze Gräberfelder der hellenistischen Nekropole.

Kúrion

Im dreizehnten Jahrhundert v. Chr. kolonisierten mykenische Siedler aus der peloponnesischen Landschaft Argolis das Gebiet um Kúrion. Allerdings existierte in diesem Landschaftsraum bereits während des Neolithikums und der Bronzezeit eine autochthone Bevölkerung. In der Nekropole von Kaloríziki entdeckte man gar königliche Schätze aus der Eisenzeit des zwölften und elften Jahrhunderts v. Chr., die für eine verfeinerte Wohn- und Lebensqualität bereits in dieser Epoche sprechen. Im zwölften Jahrhundert v. Chr. soll es schon intensive Kontakte mit Ägypten gegeben haben - jedenfalls identifizieren einige Forscher den Namen „Kir" in einer Inschrift Ramses' III. (1183 bis 1152 v. Chr.) von Medinet Habu mit Kúrion. Gesichert ist, dass die Stadt ab dem siebten Jahrhundert v. Chr. in assyrischen Texten „Kuri" genannt wird.

Während der kyprischen Archaik ab etwa 750 v. Chr. entstanden im äußersten Westen des Siedlungsraums die Ursprünge des Apollon-Hylates-Heiligtums, das in seinen verschiedenen Gestalten und Bauphasen bis zum Ende des fünften Jahrhunderts n. Chr. der Bevölkerung als Kultstätte diente (s. S. 73). Die bis heute erhaltenen Gebäude im Stadtgebiet gehören fast alle der Zeitspanne vom vierten Jahrhundert v. Chr. bis zum dritten Jahrhundert n. Chr. sowie der frühchristlichen Epoche

Westlich des großen Grabungsgeländes von Kúrion breitet sich das bis ins 8. Jh. v. Chr. zurückreichende Apollon-Hylates-Heiligtum aus (s. S. 73). Zentrum der Anlage war der Apollon geweihte Tempel am unverrückbaren uralten Kultplatz. Heute ist von dem Bau nur noch die rekonstruierte Südwestecke als römischer Podiumtempel erhalten, der im 3. Viertel des 1. Jh. n. Chr. als Antentempel errichtet wurde.

an. Als Kaiser Diokletian überall im Römischen Reich die Christen verfolgen ließ, war in Kúrion – ebenso wie in vielen anderen kyprischen Orten – eine junge Christengemeinde bereits fest etabliert. Das ist auch der Grund, weshalb es auf der Insel gerade aus dem frühen Christentum gut erhaltene, ja herausragende Sakralbauten gibt. In der zweiten Hälfte des siebten Jahrhunderts wurde die Bischofsstadt Opfer der Arabereinfälle. Wahrscheinlich verließ damals die Bevölkerung den Ort der Ruinen und errichtete weiter östlich eine neue Siedlung, die heute noch Episkopí („Bischofssitz") heißt.

Ein Besuch des Theaters von Kúrion - vor allem in den Spätnachmittagsstunden - gehört zu den ganz besonderen Erlebnissen einer Zypernreise. Den Zuschauern der Antike war der Blick auf die Landschaft durch ein zweigeschossiges Bühnenhaus (Skene) verstellt. Das jetzt teilweise restaurierte Theater hatte einen kleineren hellenistischen Vorgängerbau vom Ende des zweiten Jahrhunderts v. Chr. Charakteristikum der älteren Anlage war, dass die Orchestra einen Kreisbogen von etwas mehr als 180 Grad einschloss. Das neue und größere Theater mit seinen rund 3500 Zuschauerplätzen entstand im zweiten Jahrhundert n. Chr. Die späteren Umbauten zu einer Arena für grausame Gladiatorenspiele und Tierkämpfe entfernte man gegen Ende des dritten Jahrhunderts. Nach dem Erdbeben von 365 wurde das Theater nicht mehr hergerichtet. In den Sommermonaten finden heute wieder Theater- und Musikvorführungen statt.

Haus des Eustólios. Östlich des Theaters liegen die Grundmauern eines palastartigen Atriumhauses, das an der Wende vom vierten zum fünften Jahrhundert n. Chr. errichtet wurde. Der Name seines Erbauers Eustólios ist in einer Mosaikinschrift genannt. Das ursprüngliche Gebäude stammte aus der Zeit zwischen 150 bis 50 v. Chr., stürzte jedoch am 23. Juli 365 n. Chr. infolge eines Erdbebens ein, das auf ganz Zypern große Verheerungen verursachte. Beim Wiederaufbau errichtete man zuerst die Thermenanlage im Norden und etwa ein halbes Jahrhundert später den großzügigen Privatbau. Beide Trakte sind architektonisch so angelegt, dass sie miteinander verschmelzen, was vermuten lässt, dass Bad und Atriumhaus eine Art Club, einen Treffpunkt für den Stadtadel, bildeten. Herausragend sind die sehr gut erhaltenen und künstlerisch wertvollen Bodenmosaike. Pflanzen-, Vögel- und Fischmotive erinnern an die Gärten Neptuns (Poseidons) und damit an die Fruchtbarkeit der Erde, letztlich gehören sie zum Repertoire des dionysischen Themenkreises. In einer Inschrift wird sogar Christus erwähnt.

Die Bischofskirche. Die Bischofskirche wurde im fünften Jahrhundert n. Chr. inmitten eines dicht bebauten Stadtareals errichtet, war also kein freistehender Baukörper, wie es der Grabungsbefund heute suggeriert. Der Zugang erfolgte nicht - wie man es von einem Gebäude dieser Dimension erwarten könnte - durch ein pompöses Westportal, sondern von einer antiken Straße im Nordwesten aus. Der Gläubige kam zuerst in einen unscheinbaren Vorraum und von dort in das Atrium der Taufbasilika. Dieses Atrium, ausgestattet mit einem Reinigungsbrunnen nach jüdischem Vorbild, hatte somit zwei Funktionen: es diente als Vorhof für die Taufkirche und zugleich als „Westatrium" der Bischofsbasilika, das vor dem Narthex keinen freien (Bau-)Platz gefunden hatte. Die Täuflinge gelangten aus dem Atrium durch die Vorhalle der Taufbasilika in ein zweites, südliches Seitenschiff. Hier fand die Taufe statt. In die Mitte dieses Seitenschiffs ist ein kreuzförmiges, mit Marmorplatten ausgelegtes Taufbecken eingelassen. Im westlichen Raumteil entledigte sich der erwachsene Täufling seiner Kleider und wurde vom Priester mit Öl gesalbt. Dann stieg er die Stufen in das Taufbecken hinab, wurde dreimal ins Wasser getaucht und wandte sich in östliche Richtung weiter. Hier wurde er in ein weißes Gewand gehüllt und nochmals gesalbt. Dann durfte sich der Täufling der Prozession anschließen und erstmals an der Kommunion teilnehmen. Die Bischofsbasilika erreichten Getaufte und Ungetaufte nur durch ein kleines Portal in der Südwestecke des Atriums, das zum Westnarthex führte. Hier öffneten sich drei Portale zum dreischiffigen Hauptraum und je eine Türe ins nördliche und südliche Seitenschiff für die Katechumenen, die keinen Sichtkontakt zur Gemeinde haben durften. Je zwölf Granitsäulen – für die heilige Zahl der Apostel – gliederten die Bischofsbasilika in drei Schiffe, die eine gemeinsame Mittelapsis hatten. Das früher mit einer Marmorschranke abgeschlossene und durch Stufen leicht erhöhte Bema war ursprünglich von einem Ciborium überwölbt, dessen Baldachin vier Säulen trugen. Darunter stand der Altar.

Achilleus-Mosaik. Im nordwestlichen Areal der antiken Stadt, unmittelbar an der alten Küstenstraße, befindet sich das interessanteste Bodenmosaik. Es stammt aus der ersten Hälfte des vierten Jahrhunderts n. Chr. und zeigt eine Szene aus dem Mythos: Achilleus versteckt sich am Königshof des Lykomedes von Skýros, um nicht an den Kampfhandlungen der mykenischen Griechen teilnehmen zu müssen. Odysseus, rechts im Bild, überlistet den in Frauengewänder gekleideten Achilleus, um ihn zum Kampf gegen Troja zu gewinnen. Der „vielgewandte" Held lässt am Hofe die Kriegsposaune erklingen, worauf sich Achilleus verrät: er greift zu Schild und Schwert. Dieser Moment ist in dem Mosaik festgehalten (Abb. S. 46). Damit wird auch der Wechsel vom Matriarchat zum Patriarchat angesprochen. Nicht mehr die Frauen lenken die Geschicke der Menschen, sondern das kämpferische männliche Element. Betrachtet man das Porträt des Achilleus mit seinem gelockten Haar, entdeckt man verblüffende Ähnlichkeiten mit Erzengelbildern der byzantinischen Kunst. Tatsächlich kann die Darstellung des Helden, sowohl in seiner Haltung als auch in seiner Bewegung, als ikonographisches Vorbild für die Kunst des Byzanz der späteren Jahrhunderte gelten.

Das Apollon-Hylates-Heiligtum. Der Name des Heiligtums deutet bereits an, was wir auch auf dem Achilleus-Mosaik inhaltlich erkennen können: die Überlagerung von patriarchalen und matriarchalen Gesellschaftsformen und Gottesvorstellungen. „Hylates" bedeutet „Beschützer(in) der Wälder", ein Beiname des Gottes Apollon, der völlig singulär und nur für Zypern bezeugt ist. Er weist sicherlich auch auf die einst waldreiche und fruchtbare Umgebung von Kúrion hin. Wahrscheinlich handelt es sich bei Apollon-Hylates um die Verschmelzung einer einheimischen Vegetationsgottheit mit dem „eingewanderten" griechischen Apollon. Die archäologischen Funde bezeugen eine Kultkontinuität vom achten Jahrhundert v. Chr. bis zum fünften Jahrhundert n. Chr.

Der Besucher des Heiligtums durchwandert heute die Ruinen aus zwei Bauphasen: die der älteren Bauten aus der archaischen Epoche des siebten und sechsten Jahrhunderts v. Chr., die der Lokalgottheit Hylates geweiht waren, sowie die der Gebäudekomplexe aus dem ersten und zweiten nachchristlichen Jahrhundert, mit denen Apollon verherrlicht wurde. Entscheidend ist dabei, dass der jüngere Tempel konsequent der „Heiligkeit eines Ortes" folgt, so dass sowohl der Haupttempel als auch die Altäre an den Stellen der älteren Kultstätten errichtet wurden.

Límassol

Sieht man einmal vom antiken Amathús ab, das nicht mehr zum Stadtgebiet gehört, so ist die Geschichte Límassols weit weniger ereignisreich als die anderer Städte Zyperns. Gräber aus der frühen und mittleren Bronzezeit lassen zwar auf eine Siedlung in dieser Epoche schließen, die Funde sind bisher jedoch nicht sehr zahlreich. Später lag hier der Ort Nemessós oder Lemessós, der aber wegen der räumlichen Nähe zu Amathús und Kúrion keine große Rolle gespielt haben dürfte. Bedeutung er-

Der Wohnturm hat einen Grundriss von 16 x 16 m und ist 23 m hoch. Seine Mauern sind bis zu drei Meter stark. An der Ostseite sind vier steinerne Wappen zu erkennen: das bekrönte königliche Wappen mit Schildgeviert in Relief mit den Insignien der Königreiche Jerusalem, Zypern, Armenien und (rechts oben) der de Lusignans. Darum gruppieren sich die Johanniter-Wappen von Jean de Lastic (Ordensgroßmeister ab 1427), von Jacques de Milli (Großmeister 1454–1461) und unten von Louis de Magnac, des Großkomturs auf Zypern.
Der Donjon ist innen in drei Geschosse untergliedert. Der Eingang über die Zugbrücke führt in die erste Etage, wo sich auch die Küche befand, worauf eine große Feuerstelle verweist. Im Untergeschoss lagen die Kellerräume mit ihren Zisternen, im zweiten Stock die Wohnräume mit Kaminheizung. Über eine Wendeltreppe erreicht man das Dach.

Vorherige Doppelseite:
Reiterfreuden an den weißen Steilfelsen von Govenor's Beach mit der Reiterfarm Kalawassós / Tochní östlich von Límassol (74 o.).
Der Kúris-Staudamm westlich von Límassol (74 u.).
Traditionelle Architektur im Dorfmuseum Fikárdu an den nördlichen Ausläufern des Macherá-Gebirges, nördlich von Palechóri (75 o. l.).
Askás, eines der wenigen noch malerischen Bergdörfer im Tróodhos-Gebirge, im Nordosten südlich von Platanistássa (75 o. r.).
Tambutsiá, eine Art Tamburin, mit volkstümlicher Malerei aus dem Jahre 1899 (75 M. l., Volkskundemuseum Nikosía).
Reife Dattelfrüchte aus Famagústa (75 M. r.).
Bemalte Küchenholzborte mit einem geschnitzten Rebenzweig aus dem Jahre 1872 (75 u., Volkskundemuseum Nikosía).

langte Límassol erst im fünften Jahrhundert, als die Stadt vom byzantinischen Kaiser Theodosios II. (reg. 408 bis 450) gefördert wurde. Damals hatte man nach schweren Erdbeben sowohl Amathús wie auch Kúrion aufgegeben.

Die weite Bucht von Límassol war einst Schauplatz eines spektakulären historischen Ereignisses: Im Mai 1191 kam es zu dem folgenschweren Zusammenstoß zwischen dem selbsternannten Kaiser von Zypern, Isaak Komnenos, und dem englischen König Richard Löwenherz (s. auch S. 148). Nach diesem weltgeschichtlichen Intermezzo verschwand die Stadt selbst zwar wieder aus den Annalen, die ganze Insel aber stand fortan unter französischer Herrschaft. Límassol musste seine Rolle als Inselhaupthafen an Famagústa abtreten, das nun zur Metropole Zyperns avancierte. 1373 zerstörten die Genueser die Stadt, 1426 erlitt sie dasselbe Schicksal noch einmal durch die Araber. Die wenigen Reisenden, die im sechzehnten Jahrhundert hier vorbeikamen, berichteten von Trümmern und einer bedrückenden Atmosphäre. 1539 vernichteten die Osmanen Límassol. 1584 erschütterte ein Erdbeben das gesamte Stadtgebiet. Geblieben ist aus dieser Zeit nur das mittelalterliche Kastell aus dem vierzehnten Jahrhundert. Es war von 1291 an Sitz des Templer-Ordens. 1303 verließ Jacques de Molay, der letzte Templer-Großmeister, Límassol. Später übernahmen die Johanniter die Burg, die von 1290 bis 1305/1310 auf Zypern residierten, ehe sie ihre Macht auf Rhodos etablierten.

Das antike Amathús. Steine über Steine. Die Mythen erzählen im Zusammenhang mit Amathús von Aphrodite und Adonis, von Theseus und Ariadne, und markieren den Übergang matriarchaler Formen der Götterverehrung zu patriarchalen Kulten. Der legendäre Gründer des Ortes wie auch des Aphrodite-Tempels war Amathús, Sohn des Aerías, des Königs von Páfos. Einen wichtigen Hinweis auf den Machtwechsel in Amathús, der auch die Priesterschaft der Stadt betraf, gibt uns Plutarch mit einer Sonderform des berühmten Mythos von Ariadne und Theseus. Danach soll Theseus bei schwerem Wetter, als er einen Schiffbruch befürchten musste, die hochschwangere Ariadne der Obhut der Bürger von Amathús übergeben haben, sie starb jedoch – ohne zu gebären – in den Wehen. Der „fruchtlose" Tod der Ariadne, die als Vegetations- und Fruchtbarkeitsgöttin gilt, symbolisiert einen tief greifenden Wandel in der Ausformung kultischer Bedürfnisse und Institutionen dieser Zeit. Der alteingesessenen orientalischen Göttin Aphrodite wird – nach Macrobius – in Gestalt der Aphrodite Amathusia eine Gottheit mit männlichen Zügen beigegeben. Im Aphrodite-Tempel werden von nun alljährlich Ariadnes Tod – und damit vielleicht auch der der Großen Göttin – und zugleich die Geburt einer patriarchalen Gottheit gefeiert: Im Mittelpunkt des Kultes steht an diesem Tag das schmerzerfüllte Wehklagen eines Jünglings – gleich dem einer Gebärenden in ihren Wehen –, der damit wohl die Geburt eines männlichen Gottes ankündigen soll.

Archäologische Funde belegen, dass Amathús vom Neolithikum bis zum Mittelalter besiedelt war. Höhepunkte seiner Geschichte erlebte es zur Zeit der Stadtkönigtümer und während der römischen wie auch der byzantinischen Epoche. Bemerkenswert ist, dass in Amathús bis zur Zeit Alexanders des Großen eteo-kyprisch gesprochen wurde, die ursprüngliche Sprache Zyperns, die mit dem Churrischen des Vorderen Orients verwandt ist. Dann erst hielt das Griechische Einzug in die Stadt. Nach der Eroberung und Zerstörung durch Richard Löwenherz im Jahr 1191 verließ die Bevölkerung Amathús. Ende des neunzehnten Jahrhunderts wurde die Stadt völlig vernichtet wurde, als sie für den Bau des Suezkanals als Steinbruch herangezogen wurde.

Rechts Direkt am Salzsee von Lárnaka in einem Palmenhain liegt Chalá Sultán Tekké, eine der bedeutendsten heiligen Stätten der islamischen Welt. Früher senkten alle türkischen Schiffe bei der Vorbeifahrt an der Tekké als Zeichen der Verehrung ihre Flaggen. Tekké entspricht einem christlichen Kloster; Chalá Sultán (osmanisch) bzw. Umm Haram (arabisch) soll der Legende nach die Pflegemutter oder Tante Mohammeds gewesen sein. Nach einer anderen Interpretation war sie eine der Begleiterinnen des Propheten auf seinem Weg von Mekka nach Medina. Im Jahre 649 christlicher Zeitrechnung (28 islamischer Zeit), als Zypern von den Arabern erobert worden war, soll Chalá Sultán von ihrem Maultier gestürzt sein und sich tödliche Verletzungen zugezogen haben. Sie wurde an Ort und Stelle begraben. Historisch geht aus einer arabischen Quelle des 9. Jh. hervor (s. S. 77), dass 649 tatsächlich der Feldzug stattgefunden hat, der Gründer der Omayyaden-Dynastie Mu'awiya ibn Abu Sufyan diesen Feldzug leitete und sich in seiner Begleitung Umm Haram, die Frau eines seiner Offiziere, befand. Vom Tod dieser Frau wird in dem Bericht nicht gesprochen.
Tatsache ist, dass am Ufer des Salzsees inmitten einer romantischen Palmengasse ein islamischer Grabbau errichtet wurde. Über dem verhüllten Grab erhebt sich ein Trilithon: Zwei etwa 5 m hohe Steine links und rechts bilden die Basis für einen Querstein. Zunächst, so die Legende, soll der Querstein mehrere hundert Jahre lang frei schwebend über dem Grab verharrt haben, die beiden Stützen seien erst viel später angebracht worden. Dieser Steinbau war bis 1974 das Ziel zahlreicher muslimischer Pilger. Die heutige Gestaltung des Grabes stammt aus dem Jahre 1760. Um das Grabmal wurde im Jahre 1816 eine vom osmanischen Gouverneur Seyyit Effendi gestiftete Moschee errichtet. Sie ist von klassischer Form, mit einer Zentralkuppel versehen.

Arabische Besetzung

Bereits wenige Jahre nach dem Tod des Propheten Mohammed im Jahr 632 etablierte sich in Syrien die Omaijaden-Dynastie von 661 bis 750. Mu´awiya ibn Abú Sufyan, Statthalter des Landes, erhielt 661 die Kalifenwürde und verlegte die Hauptstadt von Medina nach Damaskus. Er schuf die Voraussetzungen für ein islamisch-arabisches Reich, das bis zur Atlantikküste Spaniens reichte. Bevor er diese weltpolitische Bedeutung erlangte, hatte er sich 648 vom Kalifen die Erlaubnis für erste militärische Aktionen gegen den vor der Levanteküste liegenden christlichen Nachbarstaat Zypern eingeholt.

Eine arabische Quelle aus dem neunten Jahrhundert
Al-Waqidi und andere sagten: ‚Mu'awiya bin Abu Sufyan führte den ersten Glaubenskrieg zur See gegen Zypern. Zuvor haben die Muslime noch nicht das Mittelmeer befahren. Mu'awiya hatte wohl vorher bereits einmal den Kalifen Omar in Medina um Erlaubnis gebeten, eine Seeexpedition unternehmen zu dürfen, doch dieser gestattete es ihm nicht. Dann aber herrschte Uthman bin Affan als Kalif, dem er einen Brief schrieb, in welchem er ihn um die Erlaubnis für einen Kriegszug nach Zypern bat und worin er darauf aufmerksam machte, wie nah Zypern liege und wie leicht die Sache sich gestalten könne.' Uthman schrieb in seiner Antwort: ‚Ich habe ja selbst gesehen, was Omar – Gott erbarme sich seiner – dir abgeschlagen hat, als du ihn um den Befehl zu einer Seeexpedition angingst.' Dann aber kam das Jahr 648, und Mu'awiya schrieb dem Kalifen erneut und machte deutlich, wie einfach eine Fahrt nach Zypern sei. Nun antwortete Uthman: ‚Wenn du das Meer befährst und dabei deine Frau mitnimmst, sei es dir erlaubt, sonst aber nicht.' Daraufhin stach Mu'awiya von Akka aus mit vielen

Mit Liebe zum Detail wurden im türkischen Viertel von Nikosía einige historische Gebäude restauriert, wie etwa die alte Karawanserei Büyük Khan. Sie ist ein frühes Werk der Osmanen und entstand bereits 1572. Modern ausgedrückt waren Karawansereien in der gesamten arabischen Welt „Motels" für Karawanen, in denen Menschen und Tiere auf ihrer Reise Unterkunft und Verpflegung erhielten. In der Mitte des Hofes steht der Reinigungsbrunnen.

Schiffen in See, wobei er seine Frau Fahita, Tochter des Quaraza bin Abd-Amr bin Naufal bin Abd-Manaf bin Qusaiy, mitführte. Ubada bin as-Samit hatte seine Frau Umm Haram, Tochter des Milhan, eine von den Ansar, mit an Bord. Dies ereignete sich im Jahre 649, nach dem Ende des Winters; andere sagen im Jahre 650. Schließlich langten die Muslime in Zypern an und verbrachten die Nacht wachend an der Küste [bei Lárnaka]. Zypern ist eine Insel im Meer, die, wie es heißt, achtzig Parasangen im Quadrat umfasst. Ihr Herrscher schickte zu ihnen und bat um Frieden, womit sich die Bevölkerung einverstanden erklärt hatte. Dann schlossen sie mit den Zyprioten gegen eine jährliche Zahlung von 7200 [Gold-]Dinaren Frieden. Einen ebensolchen Vertrag schlossen auch die Byzantiner mit ihnen ab, so dass die zypriotische Bevölkerung zweimal Tribut entrichten musste. Dabei haben sie sich ausbedungen, dass die Muslime sie nicht an der Zahlung des Tributs an die Byzantiner hindern sollten. Die Muslime ihrerseits stellten die Bedingung, dass sie nicht gegen einen möglichen Aggressor von hinten [die Byzantiner] militärischen Beistand leisten müssen und dass die Zyprioten sie ferner über die Bewegungen ihrer Feinde, der Byzantiner, informieren. Fortan haben Muslime, wenn sie zur See fuhren, die Zyprioten nun nicht mehr belästigt, und diese haben die Muslime zwar nicht unterstützt, aber auch niemanden gegen sie aufgehetzt, das heißt, sie haben sich neutral verhalten.

Dann aber kam das Jahr 653. Die Zyprioten halfen den Byzantinern bei einer Seeexpedition mit Schiffen, die sie ihnen zur Verfügung stellten. Daraufhin führte Mu´awiya ein Jahr später mit 500 Schiffen einen Krieg gegen die Insel, eroberte Zypern mit Gewalt, tötete und machte Gefangene. Anschließend bestätigte er ihnen aber den früheren Friedensvertrag und schickte 12 000 Mann mit festem Sold nach Zypern, die alle in eine Liste eingeschrieben waren. Nun wurden die ersten Moscheen errichtet. Mu´awiya brachte ferner eine Gruppe von Leuten aus Baalbek [Heliopolis] nach Zypern und gründete daselbst eine Stadt. Die Leute wohnten dort und erhielten Gaben, bis Mu´awiya verstarb. Nach ihm regierte sein Sohn Yazid, der jene Entsendung wieder rückgängig machte und die Zerstörung der Stadt anordnete. Einige Überlieferer meinen, dass die zweite Expedition Mu´awiyas nach Zypern erst im Jahre 656 stattgefunden habe.

Muhammad bin Musaffa al-Himsi berichtete mir aber eine andere Version, sich stützend auf Walid, der

Arabische Schriftzeichen zu Ehren Allahs in der Selimiye-Moschee im türkischen Viertel von Nikosía, die frühere Sophien-Kathedrale der Lusignans im gotischen Stil.

sagte: *‚Uns wurde zugetragen, dass Yazid bin Mu'awiya mit großen und wertvollen Gütern bestochen worden sei, bis er die Armee von Zypern zurückbeorderte. Und dann erst, nachdem sie zurückgekehrt war, zerstörten die Zyprioten die muslimische Stadt mit all ihren Moscheen darin.'*

Aus: Futuh al-Buldán von Ahmed bin Yahya bin Gabir bin Davud al-Baladuri (3. Viertel d. 9. Jh.); übersetzt von Korkut Bugday, Universität Hamburg

Eigentliches Ziel dieser militärischen Operation gegen Zypern, die bald auch die Inseln Rhodos und Kos erfasste, war jedoch Konstantinopel. Mu'awiya und seine Nachfolger benutzten Zypern als Flottenstützpunkt für ihre Eroberungskriege gegen Byzanz und die christliche Welt. Ständig musste die Bevölkerung zwischen beiden Machtblöcken lavieren, zahlte hier Tribut und dort Steuern. Bereits 655 kam es an der lykischen Küste zu einer verheerenden Niederlage der Byzantiner, die von Kaiser Konstans II. (641 bis 668) angeführt wurden. Dennoch hatten die Araber Zypern nie ganz unter ihrer Kontrolle, der Einfluss von Byzanz blieb. Doch die ständigen arabischen Überfälle und Plünderungen brachten Zypern drei dunkle Jahrhunderte. Erst 965 konnte Nikephoros II. Phokas (963 bis 969) die Insel aus dem Griff der Araber befreien und für zwei Jahrhunderte mit einem kaiserlichen Statthalter, dem Katapan, wieder unter den Schutz von Byzanz stellen.

BYZANTINISCHE KUNSTSCHÄTZE

UNESCO-WELTKULTURERBE

Η ΑΓΙΑ ΑΝΑΣΤΑΣΙΑ
Η ΦΑΡΜΑΚΟΛΥΤΡΙΑ
ΤΗΣ ΣΑΡΑΜΑΛΥΝΑΣ

Spätantike und frühbyzantinische Kirchen

Vorherige Doppelseite
Links Detail aus dem Fresko von Pélendri (s. S. 128). Schon als ungeborenes Kind verneigt sich Johannes der Täufer im Mutterleib von Elisabeth vor Jesus.
Rechts Die Kirche Panajía Phorbiótissa von Asínu: Fresko mit der heiligen Anastasía und der Stifterin Anastasía Saramalína (14. Jh.) im westlichen Narthex. In ihrer linken Hand trägt die Heilige eine Flasche mit Medizin.

Rechte Seite, oben Kloster Stawrowúni.

Rechte Seite, unten Kloster Kýkko, in dem der Staatspräsident und Erzbischof Makarios III. (1913-1977) von Zypern zeitweise lebte.

Zu Beginn der frühbyzantinischen Epoche (395 bis 647/8) ist die Christianisierung der Insel bereits abgeschlossen. Die beachtliche Zahl frühchristlicher Basiliken auf Zypern unterstreicht die bedeutende Rolle, die die Insel während dieser Zeit gespielt hat. Auch sprechen sie für einen gewissen Wohlstand der Inselbevölkerung. Es gab zahlreiche christliche Gemeinden und mehrere Bischofssitze. Prachtvolle Gotteshäuser entstanden in den christlichen Zentren Salamis, Kúrion und Néa Páfos. Auch in kleinen Städten errichteten die frühen Christen eindrucksvolle Zeugnisse der Sakralarchitektur, so in Sóli und Lápithos an der Nordküste, in Ájios Fílon und Ajía Triás auf der Halbinsel Karpasía und in Ájios Jeórjios bei Péjia an der Westküste, um nur einige Beispiele zu nennen.

Die exponierte Lage im östlichen Mittelmeer und die damit verbundenen vielfältigen politischen und kulturellen Einflüsse auf Zypern waren auch für die Entwicklung der spätantiken und frühbyzantinischen Bauformen bestimmend. Diese Strömungen gingen von den wechselnden Machtzentren und ihren Metropolen aus, in deren jeweiligem politischen Kraftfeld die Insel gerade lag. Noch lange nachdem Konstantinopel zum „neuen Rom" am Bosporus aufgestiegen und Residenz der römischen Kaiser geworden war, blieb Zypern im Bann der alten, mächtigen Stadt Antiochia. Bis hinein ins sechste Jahrhundert war dort die zivile und militärische Verwaltung des südöstlichen Teils des Römischen Imperiums konzentriert (*Comes Orientis*).

Die wachsende strategische und wirtschaftliche Bedeutung Zyperns für das frühbyzantinische Reich hatte zur Folge, dass die Insel im Jahr 542 direkt Konstantinopel unterstellt wurde. Eine machtpolitisch bedingte Umorientierung, die im Kunstschaffen augenfällig ist. Auch als während des arabischen Vormarsches die Insel entmilitarisiert und zum neutralen Pufferstaat zwischen der byzantinischen und der islamischen Welt erklärt wurde, scheint der künstlerische Einfluss Konstantinopels auf Zypern lebendig geblieben zu sein. Allerdings sind aus den drei Jahrhunderten vom Ende des siebten bis zum dritten Viertel des zehnten Jahrhunderts nur wenige bauliche Reste erhalten und sicher datiert. Die Rückeroberung der Insel im Jahr 965 durch den byzantinischen Kaiser Nikephoros Phokas verstärkte den hauptstädtischen Einfluss wieder deutlich. Diese Dominanz widerstand auch der Eroberung der Insel durch Richard Löwenherz im Jahr 1191, obwohl sich fortan westliches Gedanken- und Kulturgut beimischte.

Christliches Zypern

Das Christentum spielte schon sehr früh – um die Mitte des ersten Jahrhunderts – eine Rolle auf der Insel: Als es dem Apostel Paulus gelang, den römischen Prokonsul Sergius Paulus für die neue Religion zu gewinnen, war Zypern – wenngleich nicht für lange – das erste von einem christlichen Regenten beherrschte Land. Doch die Zeit nach diesem

Anfangserfolg ist in geschichtliches Dunkel gehüllt. Erst ab dem vierten Jahrhundert lässt sich das Aufblühen frühchristlicher Gemeinden auf Zypern historisch nachweisen: am ersten ökumenischen Konzil, das im Jahr 325 von Kaiser Konstantin einberufen wurde und in Nikaia-Iznik stattfand, nahmen bereits drei zypriotische Bischöfe teil. Es muss also Anfang des vierten Jahrhunderts auf der Insel mindestens drei größere christliche Gemeinden gegeben haben.

Der angesehenste Bischofssitz war die Stadt Salamis, die nach dem Erdbeben des Jahres 350 von Kaiser Konstantínos prächtig wieder aufgebaut wurde und nach ihm den Namen Constantia erhielt. Hier war die Residenz des kaiserlichen Gouverneurs, der allerdings dem *Comes Orientis* Antiochia unterstellt blieb. Der älteste bisher bekannt gewordene Kirchenbau auf der Insel ist die kleine Basilika des heiligen Spyrídon in Tremetusá-Tremithus im türkisch besetzten Teil Nordzyperns. Die Inschrift auf deren Mosaikboden nennt Spyrídon als „Auftraggeber" und Kartérios als „Handwerker". Bei dem Stifter dürfte es sich wohl um jenen Bischof Spyrídon handeln, der die Gemeinde von Tremithus auf dem Konzil von Nikaia vertrat. Das ornamentale Mosaik, das die Inschrift umgibt, ist aus stilistischen Gründen nicht vor das Ende des vierten Jahrhunderts zu datieren.

Epiphánios-Basilika. Die Ruinen der ältesten größeren Kirche Zyperns liegen in Salamis-Constantia. Bischof Epiphánios war ihr Erbauer, nach ihm wurde das Gotteshaus später benannt. Dieser Gebäudekomplex, dessen Basilika (mit Narthex und Exonarthex) allein fast siebzig Meter Länge misst, scheint keine älteren Vorgängerbauten gehabt zu haben. Die Säulenbasilika besitzt sieben (!) Schiffe, deren äußere allerdings nur etwa 1,60 Meter breit sind und den Nicht-Getauften vorbehalten waren. Parallel zu den Außenmauern laufen schmale Korridore, sie führen zu den Treppen, über die man auf die Emporen dieses riesigen Sakralbaus gelangte. Eine zypriotische Besonderheit sind die schmalen Verbindungsgänge, welche die seitlichen Apsiden und die flankierenden Nebenräume mit der Hauptapsis verbinden. Solche schlauchartigen Korridore zwischen den Apsiden sind auch bei einer Gruppe von syrischen Kirchen zu finden. Bischof Epiphánios, der aus Palästina kam, könnte von dort eine Liturgie gewohnt gewesen sein, die derartige Verbindungsgänge benötigte. Allein aufgrund von solchen liturgisch bedingten Details, die im vierten Jahrhundert in Konstantinopel völlig unbekannt waren, wird die geistige Ausrichtung Zyperns auf Antiochia und sein Umland in dieser Epoche deutlich. Vergleichbare Gänge existieren noch

Apsismosaik mit der Muttergottes, dem Jesuskind sowie den beiden Erzengeln Michael und Gabriel aus der Kirche von Kíti (1. Hälfte 7. Jh., s. S. 96).

+ΗΑΓΙΑ + ΜΑΡΙΑ +
ΜΙΧΑΗΛ
ΓΑΒΡΙΗΛ

in weiteren frühen Kirchen Zyperns, wie beispielsweise in denen von Sóli und Karpasía.

Das einzige Bauvorhaben von Bischof Epiphánios war äußerst kostspielig. Die Geldspenden, die er vor allem für seine Tätigkeit als überaus erfolgreicher Wunderheiler erhielt, reichten jedoch für die Finanzierung aus. Epiphánios hatte 35 Jahre lang den Bischofsstuhl von Salamis inne. Bei seinem Tod im Jahr 403 erließ Kaiser Arkadios ein Dekret, in dem er die Ausnahme zuließ, dass der Bischof innerhalb der Stadtmauern in seiner Kirche bestattet werden durfte. Normalerweise wurden die Toten in einer Nekropole außerhalb der Stadt zur letzten Ruhe gebettet. Epiphánios wurde in dem noch unfertigen Bau an jener Stelle im südlichen Seitenschiff beerdigt, wo er den reichen Heiden Faústinos geheilt haben soll: Der Legende nach war Faústinos während der Arbeiten am Rohbau schwer verletzt und von Epiphánios gerettet worden. Dieser Bericht zeigt, dass am Ende des vierten Jahrhunderts auch auf Zypern noch einige alte Familien der mächtigen Oberschicht nicht zur neuen christlichen Religion übergetreten waren. Zugleich unterstreicht diese Überlieferung, dass Faústinos von Christus und seiner durch den Bischof wirkenden Wunderkraft geheilt wurde und nicht mithilfe der alten Götter.

In der kleinen Provinzhauptstadt Salamis-Constantia war die Situation der aufblühenden jungen Christengemeinden also nicht anders als in den großen alten Metropolen des Reiches, etwa in Antiochia oder Alexandria, selbst in Rom. In der heiligen Stadt ließ Kaiser Konstantin der Große die monumentale Basilika St. Paul vor den Mauern errichten, sie wurde 324 geweiht. Ein Sakralbau, mit dem der Imperator vor allem die unsagbar Reichen des Senatsadels für die christliche Religion gewinnen wollte, jene, die sich noch immer den alten Göttern verpflichtet fühlten. Damals bildete nur die neue Hauptstadt am Bosporus eine städteplanerische Ausnahme, denn hier entstanden direkt im Zentrum Großbauten von unvergleichlichem Glanz wie die Haghia Sophia und der Kaiserpalast.

Bischofskirche von Kúrion. Zur selben Zeit scheint die Lage in dem von der Hauptstadt Salamis-Constantia weit abgelegenen Kúrion an der Südküste eine ganz andere gewesen zu sein. Denn hier liegt der christliche Baukomplex mit Bischofskirche, Bischofspalast und Taufkirche nicht wie in Constantia weit vom Stadtzentrum entfernt, sondern gehört zum Stadtkern, bestehend aus Agorá, Theater und der repräsentativen Villa des Eustólios (vgl. Seite 46 f.). Dieser in der Fremde reich gewordene Bürger Kúrions ist wohl bereits getaufter Christ und beruft sich in den Mosaikinschriften seines Hauses nicht

Die Kirche als Sinnbild des göttlichen Kosmos: Freskenkomposition mit Christus Pantokrator (der Weltenrichter) im Kuppelraum der Kirche von Laghudherá (1192, s. S. 102 ff. mit weiteren Abb.).

ΑΧΙ
ΑΝΑΤΡΟ
ΦΗ

Linke Seite
Oben Das Bad der Unsterblichkeit des Achilleus. Detail aus dem Fußbodenmosaik der Theseus-Villa in Páfos (5. Jh., s. Abb. S. 62).
Unten Das Bad der Unsterblichkeit wurde von den Christen als Taufe weitergepflegt. Noch heute leben die orthodoxen Christen die Taufe wie in der Antike und in der frühchristlichen Epoche.

Rechte Seite
Oben Das Bad Jesu; Detail aus dem Fresko „Geburt Christi", Panajía tu Arakú von Laghudherá, 1192.
Unten Das Bad Jesu; Detail aus dem Fresko „Geburt Christi", Ájios Nikólaos tis Stéjis von Kakopetriá, Mitte 14. Jh. Einzigartig ist in diesem Fresko die nährende Muttergottes dargestellt (vgl. S. 11).

nur auf die Solidität der Technik und der verwendeten Materialien, sondern auch auf die Sicherheiten, die ihm die „viel verehrten Symbole Christi" böten. Neben dieser Propaganda für die neue Religion lässt sich Eustólios in anderen Inschriften des Mosaikbodens aber zugleich als Wohltäter der Stadt feiern, wie er nur Apollon, der traditionellen Schutzgottheit Kúrions, vergleichbar wäre...

Bauliche Vorrichtungen der prächtigen Bischofskirche deuten darauf hin, dass sich darin besonders viele Einwohner Kúrions taufen ließen: An den Enden der lang gestreckten Vorhalle, die der dreischiffigen Basilika vorgelagert ist, liegen im Süden die Zugänge zu zwei einst überwölbten Hallen, welche die Außenwände der Basilika in voller Länge begleiten, aber nur durch je eine schmale Tür mit dem Inneren des Gotteshauses verbunden sind. Hier hielten sich wahrscheinlich die Täuflinge auf, die dem Mysterium der Eucharistie, die am Altar der Hauptkirche gefeiert wurde, noch nicht beiwohnen durften.

Die Taufe fand in der Mitte des südlichen Kirchenschiffs zwischen Taufkirche und Basilika statt. Im Westen dieser Halle konnten die Täuflinge ihre Kleider ablegen und sich von dort zum Taufbecken begeben. Nach der Taufe verließen sie das kleine, im Grundriss kreuzförmige Becken auf der entgegengesetzten Seite im Osten und legten dort weiße Kleider als Symbol der Reinheit an. Spätere Einbauten im Bereich des Taufbeckens zeigen, dass es wohl ab dem sechsten Jahrhundert nicht mehr der Erwachsenentaufe diente.

Die architektonische Gestalt des zentralen kreuzförmigen Taufbeckens, das von zwei seitlich angelegten Räumen aus betreten werden kann, während der mittlere Teil des Beckens dem Priester vorbehalten ist, scheint im späten vierten und im fünften Jahrhundert für Zypern verbindlich gewesen zu sein. Ähnlichen Anlagen begegnet man in den Baptisterien der Kirche des heiligen Ephiphánios in Salamis/Constantia und in der des heiligen Fílion in Karpasía. Da sich diese Form von Baptisterien in Sakralbauten des antiochischen Einflussbereichs findet, ist anzunehmen, dass die Vorbilder für Zypern wiederum in Syrien zu suchen sind. Als Beispiele seien hier die Baptisterien des Simeonklosters Kal'at Sim'an in Syrien und jenes in der Kirche des heiligen Theódoros im jordanischen Gerasa-Jerash erwähnt. Eine weitere für Syrien und Zypern typische Bauform stellen die Apsiden dar, die außen nicht halbkreisförmig, sondern polygonal abgeschlossen sind. Man begegnet ihnen allerdings nicht nur in Kúrion, sondern auch in den Kirchen des Basilikakomplexes von Péjia am Kap Dhrépanon aus dem sechsten Jahrhundert, für die es ihrerseits auch Vorbilder in Konstantinopel gibt.

Macht und Reichtum des Bauherrn der Bischofskirche von Kúrion zeigen sich auch darin, dass es ihm durch kaiserliches Privileg gestattet war, wertvolle marmorne Säulenschäfte und Kapitelle älterer Bauten (Spolien) – vermutlich handelte es sich dabei um antike Tempel – für seine Basilika zu verwenden. Auch der Bodenbelag aus gleichmäßig zurechtgeschnittenen Steinplatten *(opus sectile)*, abgesetzt mit großen, runden Scheiben aus Porphyr und Buntmarmor, ist weit kostbarer als ein Mosaik.

Bastion für Byzanz

Zypern gewann in der ersten Hälfte des sechsten Jahrhunderts im Byzantinischen Reich sowohl in wirtschaftlicher als auch in strategischer Hinsicht immer mehr an Bedeutung: Nachdem es von den persischen Sassaniden (224 bis 652) nicht erobert werden konnte, weil diese keine Seestreitkräfte besaßen, festigte die Insel ihre Machtposition fortan nicht nur mithilfe der byzantinischen Kriegsflotte, sondern bot auch den Getreideschiffen des Reiches sichere Häfen. Byzantinische Handelsschiffe legten, von Ägypten kommend, auf ihrem Weg nach Konstantinopel regelmäßig Zwischenstation auf Zypern ein. Neue Machtverschiebungen im Osten brachten der Insel weiteren Gewinn. Nachdem die Erdbeben der Jahre 526 und 528 die Verteidigungsanlagen Antiochias geschwächt hatten, konnten es die persischen Sassaniden im Jahr 538 erobern. Daraufhin ließ Kaiser Justinian Häfen wie Festungen Zyperns ausbauen und verstärken und unterstellte die Insel der direkten Verwaltung Konstantinopels. Eine in Salamis gefundene Inschrift aus dem Jahr 543 rühmt das kaiserliche Paar Justinian und Theodora als die „geliebten Herrscher und Erneuerer" der Stadt. Denn auch in Salamis hatten Erdbeben gewütet, so dass die monumentalen alten Basiliken restauriert werden mussten. So erhielt in dieser Zeit die Basilika des heiligen Epiphánios ein Synthronon und einen neuen Bodenbelag aus großen – und damit besonders teuren – weißen Marmorplatten.

Bedeutsamer noch waren Befestigungen an strategisch wichtigen Häfen. Der Naturhafen in Péjia am Kap Dhrépanon, an der nördlichen Westküste der Insel, wurde ausgebaut. Dieser Hafen, weitab von den gefährdeten Orten der syrischen und kleinasiatischen Küste, wurde zur wichtigen Zwischenstation auf dem Seeweg zwischen Alexandria und Konstantinopel. Im sechsten und frühen siebten Jahrhundert wurden in Péjia drei Kirchen neu errichtet. Ihre marmornen Kapitelle stammen aus den kaiserlichen Steinbrüchen auf der Insel Prokonéssos im Marmarameer in unmittelbarer Nähe Konstantinopels. Sie gelangten als kostbare Han-

Zypriotische Landschaftsimpressionen:
Die östlichen Ausläufer des Pendadháktylos-Gebirges mit der Kantára-Burg (o. l.).
Die weißen Steilfelsen westlich von Pissúri an der Südküste (o. r.).
Der Eingang zur Áwakas-Schlucht an der Westküste bei Ájios Jeórjios (u. l.).
Die engste Stelle der Áwakas-Schlucht mit hohen Steilfelsen (u. r.).

delsware auf dem Seeweg nach Zypern und dienten zugleich als Teil des notwendigen Ballasts für die Getreideschiffe. Die byzantinische Handelsflotte lief von Konstantinopel aus sowohl die Häfen von Alexandria als auch nordafrikanische Küstenstädte an, um hier den Getreideüberschuss für die Hauptstadt einzukaufen beziehungsweise gegen andere Waren einzutauschen. Auch hier ist Handel gleichzusetzen mit kulturellen Wechselwirkungen: So lässt sich für diese Zeit die Gestalt des Taufbeckens der Hauptkirche in Péjia, die von der in Zypern üblich gewordenen Kreuzform abweicht, durch den Einfluss Konstantinopels erklären. Dort bevorzugte man, wie auch im Westen des Imperiums, runde oder polygonale Becken.

Trotz des Imports von Architekturplastik und der Übernahme von Details scheint die in Konstantinopel so prominente justinianische Kuppelbauweise (Haghia Sophia) auf Zypern im sechsten und siebten Jahrhundert keine Anwendung gefunden zu haben. Hier hat man sich wahrscheinlich auch in frühbyzantinischer Zeit mit dem traditionellen Langhaus basilikalen Grundrisses begnügt. Neubauten wie die in Péjia dürften von Reedern und Kaufleuten gestiftet worden sein, die vom aufblühenden Seehandel profitiert hatten. Es ist wohl kein Zufall, dass reiche Hortfunde an Silbergefäßen, aus dem sechsten und siebten Jahrhundert stammen. Der Wohlstand brachte auch mit sich, dass die Kirchen dieser Zeit mit kostbaren Wand- und Gewölbemosaiken geschmückt werden konnten. Bei fast allen Ausgrabungen fanden sich im Schutt Tausende von gläsernen Mosaikwürfeln. Bis in unsere Tage haben sich nur die Reste der kunstgeschichtlich höchst bedeutenden Apsismosaike in Lythrángomi, Kíti und Liwádhia erhalten.

Das Überdauern dieser mittlerweile zum UNESCO-Weltkulturerbe gehörenden Monumente ist einem bis heute nachwirkenden weltgeschichtlichen Umschwung zu verdanken: Ab Mitte des siebten Jahrhunderts begannen die durch den Islam geeinten arabischen Stammesführer auch das östliche Mittelmeer zu erobern und zu beherrschen. Die alten christlichen Metropolen Alexandria und Antiochia wurden endgültig besetzt, der Seehandel Konstantinopels mit diesen Städten brach zusammen. Als mittelbare Folge für Zypern wurden seine Hafenstädte nun so häufig geplündert, dass deren Bevölkerung sich schließlich in das Innere der Insel zurückzog und dort neue Siedlungen gründete.

Die Isolation Zyperns, das nun gleichsam im Niemandsland zwischen Byzanz und dem Islam lag, hatte den positiven Nebeneffekt, dass der im achten und neunten Jahrhundert in Konstantinopel tobende Bilderstreit (Ikonoklasmus) Zypern nur in abgemilderter Form erreichte und lediglich dazu führte, dass zeitweise ein rein symbolischer Dekor in neu errichteten Kirchen angebracht wurde, so etwa Lamm, Fisch, Kreuz und Christogramm. Auf Zypern waren die Bilderfeinde nie derart aggressiv wie im byzantinischen Kernland, in dem die als gotteslästerlich empfundenen Bilder Christi, Mariens und der Heiligen nahezu vollständig zerstört wurden. Diese älteren figürlichen Darstellungen heiliger Personen und Gottesgestalten scheinen auf der Insel weitgehend unberührt geblieben zu sein. Nur hier und an wenigen damals außerhalb des Reiches liegenden Orten, wie etwa in der Kirche des Katharinenklosters auf dem Sinai oder in San Vitale von Ravenna, blieben deshalb großflächige christliche Mosaikbilder aus frühbyzantinischer Zeit erhalten.

Während des Ikonoklasmus, der mit einer Unterbrechung fast über ein Jahrhundert (726–780 und 815–843) dauerte, waren alle bildlichen Darstellungen verboten. Anikonische, also nicht bildliche, sondern geometrische Motive mit reicher Symbolik schmückten fortan die byzantinischen Kirchen. Aus dieser Zeit des 8. und 9. Jh. sind nach der Restaurierung des Bilderkults in Griechenland nur sehr wenige Beispiele erhalten geblieben. Anikonisch malte man teilweise auch noch nach der Wiedereinführung des Bilderkults bis zum 11. Jh. Auf Zypern existieren einige Fragmente in der Kuppel über dem Altarraum der Kirche Ajía Paraskewí in Jeroskípos. Ferner gibt es wenige anikonische Beispiele auf der Halbinsel Mani sowie auf den Inseln Náxos, Kreta und Rhodos.
Ikonoklastische Fresken aus der Kirche Ájios Nikólaos (10./11. Jh.) in Ájios Nikólaos auf Kreta (links) und aus der Kirche Ájios Jeórjios Chóstos (9. Jh.) am Dorfrand von Lindos auf Rhodos (rechts).

Frühchristliche Wandmosaike

Kopf des Achilleus aus dem Fußbodenmosaik der Theseus-Villa von Páfos (s. auch Abb. S. 46/47).

Mit drei der ältesten christlichen Apsismosaike besaß Zypern einen unermesslichen Schatz aus spätantik-frühbyzantinischer Zeit, einer Epoche also, aus der insgesamt nicht einmal zwei Dutzend derartiger Monumente erhalten sind. Doch Vandalismus und Geldgier führten dazu, dass nach der türkischen Okkupation Nordzyperns im Jahr 1974 die Reste der beiden älteren dieser drei Mosaike aus der Kirche Panajía Kanakariá von Lythrángomi restlos abgetragen wurden, um sie unter der Hand ins Ausland zu verkaufen. Zwar konnten dank der Bemühungen von

Regierung und Kirche der Republik Zypern einige der Fragmente inzwischen auf die Insel zurückgeholt werden, der Verlust an Mosaiksteinen, der bei Abnahme und Transport entstand, ist jedoch unersetzlich. Die geretteten Teile sind heute im Byzantinischen Museum von Páfos ausgestellt. Am 3. Juli 2004 entschied das Oberlandesgericht München, dass der Republik Zypern Rechtshilfe gewährt werde bezüglich der 1997 von der bayerischen Polizei in den Räumen eines türkischen „Kunsthändlers" beschlagnahmten byzantinischen Mosaike, Fresken und Ikonen, die 1974 im türkisch besetzten Teil der Republik gestohlen wurden. Um den kulturgeschichtlichen Wert dieser drei Kunstwerke ermessen zu können, sollte man sich bewusst machen, dass der Mosaikschmuck von Apsis und Hauptkuppel eines spätantiken respektive byzantinischen Gotteshauses Ziel und Höhepunkt eines vielteiligen theologischen Bildprogramms ist, das den gesamten Innenraum der Kirche einbezieht (s. S. 97f.).

Von Handwerk und Technik her gesehen bietet das christliche Apsismosaik allerdings nichts Neues. Vor allem in römischen Bädern findet man Wände und Gewölbe mit Mosaikschmuck, da dieser wesentlich wasserbeständiger war als bemalter Putz. Zu den Beispielen profaner Apsismosaike in besserem Erhaltungszustand gehören jene in Sudatorium und Caldarium der Thermen des so genannten Gymnasions von Salamis. Die Motive zeigen die Personifikation des Flusses Eurotas sowie die Verführung des Jünglings Hylas durch Nymphen. Die Arbeiten können auf die erste Hälfte des vierten nachchristlichen Jahrhunderts, in die Zeit nach dem großen Erdbeben, datiert werden. Aber nicht nur in technischer, sondern auch in inhaltlicher Hinsicht nimmt das christliche Apsisbild eine ältere heidnische Tradition auf. Wir können das zweidimensionale Abbild – Gemälde oder Mosaik – in der Hauptapsis eines Kultraums als eine Gottheit identifizieren: So hat sich etwa aus dem letzten Drittel des zweiten nachchristlichen Jahrhunderts im

Oben Ansicht von Osten der Panajía Kanakariá in Lythrángomi auf der Halbinsel Karpasía im türkisch besetzen Teil Zyperns.
Links Detail mit dem Jesusknaben aus dem frühchristlichen Apsismosaik (530 bis 560) dieser Kirche .

Herkules-Tempel des nordafrikanischen Sabratha eine gemalte Apsisdarstellung des vergöttlichten römischen Kaisers Marc Aurel (reg. 161 bis 180) erhalten. Der einstige Ammon-Tempel im oberägyptischen Luxor barg um das Jahr 300 n. Chr. in der Apsis des Kaiserkultraums die überlebensgroßen Figuren der Gott-Kaiser als Freskomalerei. Die Christen bilden zwar statt einer überkommenen heidnischen Gottheit Christus ab, doch verdankt auch dieser bedeutende Zweig ältesten christlichen Kunstschaffens seine Ursprünge der Antike.

Panajía Kanakariá in Lythrángomi. Das Mosaik in der Kirche Panajía Kanakariá in Lythrángomi zeigt den Christusknaben auf dem Schoß seiner Mutter. Diese sitzt auf einem gemmengeschmückten Thron, ihre Füße ruhen auf einem edelsteinbesetzten Schemel. Eine in den Farben des Regenbogens schillernde Mandorla umgibt die beiden. Zwei flankierende Erzengel halten Wacht. Christus der Menschensohn erscheint hier als der leuchtende Herr des Universums. Dieses Motiv des thronenden Paares, Maria und göttlicher Sohn, zwischen den Erzengeln Gabriel und Michael ist erst seit 431, dem Jahr des zweiten ökumenischen Konzils in Ephesos, möglich, in dem Maria zwar immerhin schon als Gottesgebärerin (vgl. S. 97 f.), wenn auch noch nicht als Muttergottes bestätigt wurde. In den wenigen älteren Apsismosaiken ist Christus immer ohne Maria dargestellt. Außer diesem Beispiel auf Zypern existiert nur noch in der byzantinisch beeinflussten Basilika Eufrasiana in Parenzo/Istrien ein thematisch verwandtes Apsismosaik, entstanden 530–560. Der Darstellung fehlt jedoch die Verbindung von Gottesmutter und Mandorla, dieses Element findet erst im späteren Mittelalter Parallelen.

In stilistischer Hinsicht sind die gut erhaltenen Apostelmedaillons, die den unteren Apsisbogen der Kirche Panajía Kanakariá rahmen, nur dem Apsismosaik in der Kirche des Katharinenklosters auf dem Sinai vergleichbar. Dieses Kunstwerk gehört zu einer Stiftung Kaiser Justinians und ist in der ers-

Zwei Apostel (l.: Bartholomäus, r.: Thaddäus) aus der Kirche Panajía Kanakaría in Lythrángomi auf der Halbinsel Karpasía im türkisch besetzten Teil Zyperns. Nach der Plünderung der Kirche nach 1974 ließen die Kunsträuber Kopien von den gestohlenen Mosaiken herstellen und verkauften diese an bedenkenlose „Kunstsammler" als Originale. So befinden sich heute in einigen Sammlungen Kopien dieser Werke, die die „Sammler" wahrscheinlich für viel Geld als Originale gekauft haben (links = Kopie, rechts = Original!)

ten Hälfte des sechsten Jahrhunderts entstanden. In dieselbe Zeit kann auch das Mosaik von Lythrángomi datiert werden.

Panajía Angelóktistos in Kíti. Das zweite frühe Apsismosaik Zyperns hat sich in der Kirche Panajía Angelóktistos („von den Engeln erbaut") in Kíti bei Lárnaka erhalten. Wiederum sind der Jesusknabe und Maria abgebildet. Diesmal hält Maria, die auf einem gemmengeschmückten Podest steht, ihren Sohn auf dem linken Arm. Von den Seiten nähern sich ihnen huldigend die Erzengel Gabriel und Michael, sie halten Sphären, Weltkugeln mit Kreuzen und goldene Zeremonialstäbe in ihren Händen. Christus ist also auch hier als der knabenhafte Herr des Kosmos dargestellt.

Der beinahe dreieckige Umriss der Gestalt Mariens, die sichelförmig ausschwingenden Gewandspitzen und die kristallin wirkende Struktur der Gewandfalten legen eine Datierung des Kunstwerks von Kíti in die erste Hälfte des siebten Jahrhunderts nahe. Dieses berühmte Mosaik ist demnach die älteste Darstellung der Hodegétria: der im Zentrum der Apsis stehenden Gottesmutter Maria, die ihren göttlichen Sohn auf dem linken Arm trägt. Das nächste verwandte Apsisbild datiert bereits in die Mitte des neunten Jahrhunderts, also nach dem Ende des Ikonoklasmus. Bis zum Jahr 1922 schmückte es die Apsis der damals im Zuge der griechisch-türkischen Auseinandersetzungen zerstörten Koimesis-Kirche in der Konstantinopel benachbarten Stadt Nikaia (Iznik).

Panajía tis Kyrás bei Liwádhia. Ein drittes – allerdings nur noch in spärlichen Resten vorhandenes - Apsismosaik befand sich in der Kirche Panajía tis Kyrás bei Liwádhia auf der Karpasía-Halbinsel. Auch dieser Schatz wurde nach der illegalen Besetzung im Jahr 1974 Opfer von Kunstdieben. Einziges Motiv in der Fläche der Apsiswölbung scheint die zentral dargestellte Gestalt Mariens gewesen zu sein. Sie ist von schuppenförmig gemustertem Goldgrund umgeben und steht auf einem gemmenbesetzten Podest. Der zum Gebet erhobene rechte Arm deutet darauf hin, dass auch der linke Arm in entsprechender Weise erhoben war. Da vom mittleren Teil der Gestalt Mariens immerhin so viel erhalten ist, dass man eine dort gleichsam schwebende Figur des Christusknaben ausschließen kann, dürfte Maria hier ohne Christus als repräsentative Einzelfigur in Orantenhaltung zu sehen gewesen sein. Falls man aus den noch vorhandenen Partien tatsächlich auf eine stilistische Verwandtschaft zum Apsisbild in Kíti schließen kann, besäßen wir in diesem dritten zypriotischen Marienmosaik das älteste erhaltene Beispiel einer gleichsam autonomen Mariendarstellung in einer Apsis des siebten Jahrhunderts. Doch sie scheint für immer verloren …

Ikonographie und Architektur

In den antiken polytheistischen Religionen des Mittelmeerraums existierten neben männlichen immer auch gleichberechtigte weibliche Gottheiten. Das monotheistische Judentum hingegen ist ganz von dem Bild des einen Vatergottes beherrscht. Das aus dem Judentum hervorgegangene Christentum übernimmt dieses einseitige Vorbild ebenso wie später der von beiden Religionen beeinflusste Islam. Als im fünften Jahrhundert die Bevölkerung des Imperium Romanum weitgehend christianisiert war, führte das Fehlen einer christlichen Muttergottheit dazu, dass Maria immer mehr die Funktionen der älteren – nunmehr entthronten – Göttinnen übernahm. Um den künftigen Verlauf dieser Entwicklung beeinflussen zu können, erhoben die Konzilsväter im Januar 431 in Ephesos Maria in den Rang einer „Gottesgebärerin" (*Theotókos*). Die Anerkenntnis Mariens als „Mutter" Christi hätte sie zu einer mächtigen Gestalt im christlichen Universum gemacht, die unweigerlich dem Vater Christi gegenübergestellt worden wäre. Da dies den Kirchenfürsten theologisch unmöglich erschien, musste Maria eindeutig definiert werden.

Das östliche Mittelmeer, vor allem die kleinasiatische Küste mit ihren vorgelagerten Inseln, war seit Jahrtausenden ein Gebiet, in dem die Große Muttergöttin besonders verehrt wurde. Sie trat an zahlreichen Kultorten unter verschiedenen Namen und mit variierenden Charakteristika auf: Kybele, Ischtar-Astarte, Artemis-Diana, Aphrodite oder Hera; auch Semele und Isis sind hier zu erwähnen. Häufig hatte die Große Göttin einen göttlichen Sohn oder verband sich mit einem – sterblichen – jungen Geliebten, den sie zum ewigen Leben führte. Sie war Spenderin der Fruchtbarkeit von Land, Meer und Menschen.

Die christliche Glaubensvorstellung bot einer solchen ausgesprochen matriarchalen Gottheit keinen Raum. Da aber das dringende Bedürfnis nach einer Großen Mutter mit dem Ende des Heidentums nicht verschwand, war es unausweichlich, dass auf Maria zunehmend verschiedene Funktionen der alten Muttergottheit übertragen wurden. So ist es auch kein Zufall, dass das entscheidende zweite ökumenische Konzil gleichsam im Schatten der Ruinen des erst im Jahr 401 endgültig zerstörten, riesigen Tempels der Diana in Ephesos stattfand, in jener Stadt also, in der die Große Diana im Jahr 55 über den Apostel Paulus triumphiert hatte und dieser sich nach seinen von einem Teil der Bevölkerung mit gewaltigem Unmut aufgenommenen Predigten zur Flucht gezwungen sah (Apostelgeschichte 19,23 ff.).

Die Kirche als Sinnbild des göttlichen Kosmos

Der byzantinische Sakralbau symbolisiert mit seiner Architektur sowie seinem Raum- und Bildprogramm die himmlische Kirche Gottes. In dem langen Entwicklungsprozess der byzantinischen Kunst gab es bereits seit der frühchristlichen Zeit tastende Ansätze in diese Richtung. Ziel der byzantinischen Kirche war, für ihre Gläubigen eine allgemein verständliche Bildersprache zu finden. Ganz bestimmte (Bedeutungs-)Inhalte der Heiligen Schrift und von Gottes Wort sollten zu einem ausgestalteten Bild, also zu einer Ikone, und damit zu einem festen ikonographischen Programm werden und für den gesamten Raum der Ostkirche Gültigkeit haben. Dies wurde jedoch erst im neunten Jahrhundert, also nach dem Ikonoklasmus (726–780 und 815–843), erreicht. Zu dieser Zeit kam ein neuer Architekturtypus von Gotteshäusern auf: die Kreuzkuppelkirche mit einer kosmischen Raumidee und einem streng hieratischen ikonographischen Programm.

Der Metropolit Symeon von Thessaloníki (gest. 1429) vergleicht die Dreistufigkeit der himmlischen Hierarchie mit der räumlichen Dreiteilung christlicher Sakralbauten:
Der gesamte Tempel kann als dreigeteilt gesehen werden: nämlich durch das, was vor dem Tempel ist, diesen selbst und den Standort des Priesters. Er versinnbild[licht] so die Trinität und die Ordnungen, die oben

in der Dreiteilung aufgestellt [sind, dies] aber durch die Gruppen der Frommen, die in eine Dreiheit eingeteilt sind: nämlich die Priester, dann die zur Vollendung gekommenen Gläubigen und schließlich die Büßer. Aber auch auf die Dinge auf der Erde, im Himmel und über dem Himmel weist das Schema dieses heiligen Tempels hin, und zwar der Vorraum auf die irdischen Dinge, der eigentliche Tempel (Naos) auf den Himmel und das ganz heilige Bema (Altarraum) auf die Dinge über dem Himmel.

(Klaus Gamber, Herausgeber: „Über die göttliche Mystagogie", Gamber-Ausgabe, S. 15 f., Regensburg 1984)

Der gesamte sakrale Innenraum wird so zu einer Raumikone. Schon das Portal erinnert an die Johannes-Worte: „Ich bin die Tür, wenn jemand durch mich hineingeht, wird er selig werden" (Johannes 10.9). Bei Kirchen mit einem Narthex bleibt die Vorhalle den Katechumenen, den noch nicht Getauften, vorbehalten. Der Fußboden des gesamten Kircheninnenraums steht für den Urozean, auf dem die Kirche als Arche dahingleitet, und symbolisiert zugleich den Jordan, in dem erst Jesus Christus selbst und später die ersten Christen getauft wurden. Oft zeigen deshalb der Marmorfußboden und/oder der Marmorsockel an den Wänden in kaiserlichen oder städtischen Bischofskirchen Wellenbänder als Symbol für die Wogen des Flusses. Der Naos, der Hauptraum des Gotteshauses, ist der Versammlungsort der getauften Christen. Er verkörpert die Erde mit ihrem Gottesvolk, die vom Himmelsgewölbe, der Vierungskuppel, überspannt wird.

Die Aufteilung des Kircheninneren in Gemeinderaum und Allerheiligstes verweist zum einen auf die körperlichen und seelischen Aspekte des Menschen, zum anderen auf die zwei Naturen Christi, als der irdischen Sphäre entzogener unsichtbarer Gott und zugleich als Menschensohn. Das Allerheiligste, der Raum, der nur von den Priestern betreten werden darf, ist nach Osten, zum Licht ausgerichtet. Die Lage entspricht damit dem Paradies in der Schöpfungsgeschichte: „Und Gott der Herr pflanzte einen Garten in Eden gegen Osten hin und setzte den Menschen hinein, den er gemacht hatte" (1. Moses 2.8).

Diese Raumanordnung erhält durch die Worte des Johannes noch tiefere Bedeutung, der Christus als das Licht der Welt bezeichnet: „Ich bin das Licht der Welt. Wer mir nachfolgt, der wird nicht wandeln in der Finsternis, sondern wird das Licht des Lebens haben" (Johannes 8.12). In der griechischen Sprache des Ostreichs ergibt sich diese Sinnausweitung bereits aus dem Wort *anatolé*, das „Osten" und „Sonnenaufgang" zugleich bedeutet. Ebenfalls aus der Schöpfungsgeschichte erfahren wir, dass die Vertreibung aus dem Paradies gen Westen geschah und sich dort auch der Hades befindet. „Und er [Gott] trieb den Menschen hinaus und ließ lagern vor dem Garten Eden die Cherubim …" (1. Moses 3.24).

Entsprechend ihrer Zuordnung wurden bestimmten Raumteilen, die sich inhaltlich auf das Heilsgeschehen und die Vorstellung der göttlichen Hierarchie beziehen, ikonographische Themen zugewiesen; niemals Einzelmotive! Dadurch blieb das streng hieratische Bildprogramm auf jede Gemeinde und jede Landschaft flexibel anwendbar.

Immer aber beherrscht in den byzantinischen Kreuzkuppelkirchen der Christus-Pantokrator im Zenit der Kuppel den gesamten Bilderkosmos des Sakralraums. Die Darstellung der Gottesmutter schmückt zwar ebenfalls einen eigenen Raumteil – die Apsis des Allerheiligsten –, nimmt jedoch dort immer eine deutlich niedrigere, den Menschen und dem liturgischen Geschehen näher stehende Position ein als der in ferner Majestät erscheinende Heiland. Die Muttergottes in der Apsis – falls es keine Kuppelkirche ist, kann auch der Pantokrator ihren Platz einnehmen – fungiert hier als Mittlerin zwischen den Menschen und Gottvater.

Die Themen im Altarraum beziehen sich immer auf das heilige Geschehen im Bema, auf die Wandlung. Dementsprechend können hier zusätzlich zu Maria oder Christus in einer stets unterschiedlichen Gesamtkomposition dargestellt werden: die Apostelkommunion, Melismós, die Erzmärtyrer als Diakone, Abraham opfert seinen Sohn Isaak, Himmelfahrt und/oder Pfingsten.

Lebensgroß nehmen in jeder Kirche an Liturgie und Opferung verschiedene Kirchenväter teil, die stets unterhalb der Apsiswölbung abgebildet sind. Der Schmuck des Naos gründet auf eine vertikale Hierarchie: Die Wandzonen sind den irdischen Heiligen zugeordnet. In den darüber liegenden Gewölbeflächen erscheinen in der ersten Reihe Szenen aus dem Leben eines Heiligen und darüber mariologische oder christologische Zyklen. Die Themen an der Westwand greifen die Vertreibung aus dem Paradies auf. Hier wird meist in der Giebelzone monumental das Jüngste Gericht *(Déutera Parusía)* mit dem triumphierenden Christus dargestellt. Das Portal flankierend erscheint oft ein Erzengel, der mit seinem Schwert das Haus Gottes schützen soll. Der Kuppelraum ist schließlich allein dem Christus-Pantokrator und seinem himmlischen Hofstaat vorbehalten. Doch es sei abschließend nochmals darauf hingewiesen, dass kein Bildprogramm dem einer anderen Kirche aufs Haar gleicht. Auftraggeber und Künstler treffen die Auswahl aus dem Themenrepertoire, die als Ganzes stets eine völlig eigene Bilderwelt ergibt.

„Lukas malt die Ikone der Muttergottes", Ikone aus dem Kloster Kýkko (Ende 18. Jh.), „Kykkotíssa" genannt. Der Legende nach soll der Apostel Lukas die Ikone der Muttergottes in der antiken Enkaustik-Technik mit Wachsfarben auf Holz gemalt haben. Das älteste uns bekannte Beispiel der zypriotischen „Kykkotíssa" stammt aus der 1. Hälfte des 12. Jh. und befindet sich im Katharinenkloster auf dem Sinai. Im Kloster Kýkko wird eine Ikone dieses Typus links neben der Gnadenikone aufbewahrt, sie ist ein Werk von Ioánnis Kornáros aus dem Jahre 1792. Sie gilt als Wunder wirkende Muttergottesikone, die Fürbitten für Kindersegen, Regen und gute Ernten erhört. Unser Beispiel ist ebenfalls ein Werk eines zypriotischen Künstlers und stammt auch vom Ende des 18. Jh. Die Inschrift „Der Geist des Herrn ruht auf mir" bezieht sich auf das Lukas-Evangelium (4.18). Dargestellt ist der Evangelist Lukas, wie er soeben den letzten Pinselstrich an seiner Muttergottesikone ausführt (Ikonen-Museum Recklinghausen).

Ikonen und Freskomalerei

Das gemalte Kultbild der Ostkirche, die Ikone (griechisch *eikón*, „Bild“), war während des gesamten Jahrtausends seiner Kunst Spiegel der Seele von Byzanz. Die Ikone wird in der orthodoxen Welt als irdischer Abdruck eines Heiligen und als dessen Erscheinung in der Realität verstanden. Der abgebildete Heilige ist damit in der Ikone inkarniert, womit zugleich seine Inkarnation zur Legitimation der Ikone wird. Schließlich dienen diese Bilder nicht nur als Einzelverehrung bestimmter Heiliger, sondern auch der Ausschmückung sakraler Räume. Christus-, Marien- und Heiligendarstellungen schmücken als Mosaike oder Fresken in glühenden Farben Wände, Gewölbe und Kuppeln der zur irdischen Wirklichkeit gewordenen geistigen Gebäude Gottes.

In keinem Landschaftsraum der orthodoxen Welt hinterließ die byzantinische Kunst so viele und erlesene Werke der Freskomalerei wie auf Zypern. Die wesentliche Voraussetzung dafür schuf die Politik der Hohen Pforte, als sie 1571 die Insel für drei Jahrhunderte übernahm. Anders als in den übrigen von den Muslimen besetzten griechischen Kulturräumen durfte die christliche Bevölkerung Zyperns ihre Gotteshäuser behalten. Nur die großen gotischen Kathedralen wurden in Moscheen umgewandelt (s. S. 151 f.). Die Beschädigung oder gar Vernichtung wertvoller Fresken konnte durch eine Politik der Vernunft bis in unsere Zeit verhindert werden.

Erst nach 1974, seit der türkischen Besetzung des nördlichen Inselteils, fielen die herrlichen byzantinischen Kunstschätze buchstäblich unter die Räuber. Organisierte Täter der internationalen Kunstdiebstahlsszene demontierten in zahlreichen Kirchen und Klöstern – teilweise unter den Augen des türkischen Militärs – kostbarste byzantinische Fresken und Mosaike (UNESCO-Weltkulturerbe) und verkauften sie ins Ausland.

Die modernen Forscher unterteilen die Geschichte des großen Jahrtausends von Byzanz in die früh-, mittel- und spätbyzantinische Epoche – wie überhaupt die Bezeichnung „byzantinisch“ ein Terminus der Historiker ist. Die Kunstperioden dieser Zeit werden anhand der bedeutenden Kaiserdynastien von Byzanz abgegrenzt. In der frühbyzantinischen Entwicklungsphase, wobei man auch von der spätantiken Kunst spricht, setzte besonders die Ära Justinians (reg. 527 bis 565) neue Maßstäbe. Byzanz selbst und seine Erben sind arm an Kunstschätzen aus dieser Epoche. Zypern hingegen besitzt drei Meisterwerke aus dem sechsten und siebten Jahrhundert.

Auf die justinianische Zeit folgte die Kunst des Ikonoklasmus (726 bis 843). Hier wird deutlich, dass das Christentum aus dem Judentum mit seinem eindeutigen Bilderverbot hervorgegangen ist. Denn das Wort Moses (2.20, 4-5): „Du sollst dir kein Bildnis noch irgendein Gleichnis [Abbild/Ikone] machen … Bete sie nicht an und diene ihnen nicht“ zog ein staatlich verordnetes Bilderverbot nach sich.

Damit begann die Zerstörung zahlreicher frühchristlicher Kunstzeugnisse. Fortan wurden die Gotteshäuser mit anikonischen (nicht-figuralen) Motiven ausgeschmückt. Kunstwerke, welche die Zeit des Ikonoklasmus überlebt haben, sind im gesamten alten byzantinischen Herrschaftsraum rar. Auf Zypern haben sich nur in der Kirche Ajía Paraskewí von Jeroskípos bei Néa Páfos einige Fragmente erhalten. Erst auf dem Konzil von Nikaia 843 wurde das Bilderverbot endgültig aufgehoben und die Bilderverehrung der früheren Jahre wieder eingeführt.

Ajía Paraskewí in Jeroskípos

Das reiche Kulturerbe dieses Ortes bezeugt die Kirche Ajía Paraskewí. Noch ist diese Kostbarkeit byzantinischer Architektur und Freskomalerei „verhüllt". Grober Putz verbirgt die Gestalt des wohlproportionierten Baukörpers. Kuppeln und Mauerwerkstruktur kommen so nicht in ihrer ganzen Schönheit zur Geltung. Korinthische Marmorkapitelle auf dem Kirchplatz hingegen regen die Phantasie an und lassen erahnen, welch edles Baumaterial hier verwendet wurde. Der Bau ohne Narthex und Exonarthex gehört mit seinen fünf Kuppeln in die erste Hälfte des neunten Jahrhunderts, übernimmt das Kuppelschema justinianischer Bauten und reiht sich damit in die Gruppe der frühen Fünfkuppelkirchen Zyperns von Peristeróna, Salamís und Lárnaka ein. Der Innenraum, in dem seit mehr als tausend Jahren christlicher Glaube gepflegt wird, ist zugleich ein Museum byzantinischer Wandgemälde von höchstem Rang: In der Kuppel über dem Bema sind sogar Fresken aus der Zeit des Ikonoklasmus erhalten – eine kleine Sensation, gibt es doch im ehemaligen byzantinischen Kulturkreis nur ganz wenige Malereien, die den Bildersturm überlebt haben. Lediglich auf Kreta, Náxos, Rhodos und der Mani hat man einzelne ikonoklastische Fresken entdeckt.

Ende des zwölften Jahrhunderts wurde die Kirche neu ausgemalt. Diese Freskenschicht liegt heute größtenteils verborgen unter der jüngeren Malerei des fünfzehnten Jahrhunderts. Der Wandel in der byzantinischen Kunst, verbunden mit den Einflüssen des Westens, die vor allem mit den Lusignans und Venezianern nach Zypern gelangten, wird an der Nordwand unter der Mittelkuppel sichtbar. Während der Teilausschnitt des Freskos aus dem zwölften Jahrhundert den Marientod (Koimesis) feierlich in leisen Tönen abbildet, offenbart die Kreuzigungsszene der darüber liegenden Schicht Dramatik und Anspannung. Maria ist über den Tod ihres Sohnes so sehr von Schmerz erfüllt, dass ihre Begleiterinnen sie stützen müssen (*links*). Man spricht hier von der „Ohnmacht der Gottesmutter". Die Teilnehmer an der Kreuzigung tragen venetianische Kleidung (*rechts*).

Noch eine andere Besonderheit halten die Kunstwerke bereit: In der Szene „Christus vor Pontius Pilatus" ist auch Claudia Procula (griechisch Prokla), die Gemahlin des römischen Statthalters, zu sehen; diese fehlt sonst im ikonographischen Programm der byzantinischen Kunst.

Panajía tu Arakú von Laghudherá

Die Kirche wurde in der Mitte des zwölften Jahrhunderts als Kuppelhalle errichtet, der westliche Anbau stammt aus späterer Zeit. Die Kuppelhalle ist vollständig mit Fresken ausgeschmückt. Was hier 1192 (Datierung durch Stifterinschrift gesichert) geschaffen wurde, gehört zu den wertvollsten Werken des gesamten byzantinischen Kunstraums. Seit die Fresken in den Jahren 1968 bis 1973 von Mitarbeitern des Dumbarton Oaks Institute der Harvard University gereinigt und restauriert wurden, erstrahlen sie wieder in neuem Glanz.
Die Kirche Panajía tu Arakú (Muttergottes von Arakú) ist als UNESCO-Weltkulturerbe gewürdigt worden und für Zypern und den gesamten byzantinischen Kulturraum ein herausragendes Beispiel für den neoklassischen Stil der Komnenenzeit. Höchstwahrscheinlich haben hier Künstler aus der Reichshauptstadt Konstantinopel gewirkt.
Die Fresken von Laghudherá zeigen manieristische Tendenzen, die Gesamtkomposition des Bildpro-

gramms ist von verblüffender inhaltlicher und formaler Einheitlichkeit. Ein Höhepunkt dieser Epoche. Wie eindrucksvoll etwa ist die Dynamik in der Bewegung des Erzengels, der mit wehendem Gewand zu Maria eilt, um ihr die frohe Botschaft zu verkündigen. Alle Fresken strahlen eine menschliche Wärme aus. Wir erkennen hier eine völlig andere Auffassung als in dem strengen Stil Konstantinopels, wie er sich uns in der Kirche von Asínu offenbart. In Laghudherá verliert die göttliche Erhabenheit gleichsam ihre Distanz zum Irdischen. Die Panajía Arakiótissa wird zur besorgten Mutter, ihr fehlt die Unnahbarkeit des Königlich-Göttlichen. Diese Auffassung gerät später sogar zum Vorbild für eine ganz bestimmte Darstellung der Muttergottes-Ikone.

Linke Seite Christus Pantokrator, der Weltenrichter (s. auch S. 86).

Oben Altarraum. Thronende Muttergottes mit Christuskind sowie Erzengel Gabriel und Michael. Darüber: Himmelfahrt Christi.

Rechts Südwand (v.u.n.o.): Muttergottes mit dem Christuskind, dem Engel die Passionswerkzeuge zeigen und ihm damit seinen Kreuztod ankündigen. Dieser Typus wird in Laghudherá erstmals dargestellt und später von den Ikonenmalern als „Passionsikone" schöpferisch aufgenommen. Rechts daneben: Erzengel Michael, darüber der Marientod.

Η ΧΥ ΓΕΝΝΗCΙC

Η ΚΟΙΜΗCΙC
IC XC

Linke Seite
Oben Geburt Christi (s. auch S. 92).
Unten Marientod.

Rechts
Detail aus der Himmelfahrt Christi: Muttergottes und sechs Jünger.

Erzengel Gabriel aus der Verkündigungsszene am nordöstlichen Pendentif der Kuppel.

Geburt Christi mit der nährenden Muttergottes (s. auch S. 8 und 11), Fresko (Mitte 14. Jh.) aus der Kirche Ájios Nikólaos tis Stéjis von Kakopetriá.

Ájios Nikólaos tis Stéjis von Kakopetriá

In bewusster Anlehnung an die (Spät-)Antike gedieh während der mittelbyzantinischen Epoche die Kunst der Makedonen (867 bis 1056). Ihre Werke sind vor allem von der Wiederaufnahme von Elementen der spätantiken Kunst geprägt. Auf Zypern existieren nur noch Relikte vom Ende dieser Epoche, wie etwa in der Kirche Ájios Nikólaos tis Stéjis außerhalb von Kakopetriá im Tróodhos-Gebirge.

Der Name der Kirche beschreibt ihre architektonische Gestalt (tis stéjis: „des Daches"). Der Innenraum birgt künstlerisch wertvolle und ikonographisch seltene Fresken von mindestens sieben Malperioden aus der Zeit des frühen elften Jahrhunderts bis zum Jahr 1633.

Die byzantinischen Fresken des elften Jahrhunderts zeigen – rund 200 Jahre nach dem Ikonoklasmus – immer noch das Herantasten an einen der hellenistischen Formensprache angelehnten Stil. So erscheinen beispielsweise die Heiligen bei der Ausgießung des heiligen Geistes (Pfingstfest) in antiken Gewändern (*linke Seite*). Die Gesichter sind zum Teil beachtliche Porträtschöpfungen, die vom großen Einfühlungsvermögen des Künstlers zeugen (frühes 11. Jh.). Von besonderer Bedeutung ist die Komposition der beiden Themen „Metamórphosis" und „Erweckung des Lazarus", die in ein Gesamtbild zusammenfließen, das so erzählenden Charakter erhält. Die aufgeraute Fläche der Pfingstdarstellung ist nicht auf eine Zerstörung während der Osmanen-Herrschaft zurückzuführen, vielmehr wurde das gesamte Bema in der Mitte des vierzehnten Jahrhunderts völlig neu ausgemalt. Zum besseren Halt der neuen Fresken hat man damals den Untergrund (die alten Malereien!) aufgeraut. Um die älteren Fresken ans Licht zu bringen, wurde diese jüngere Malschicht von Restauratoren teilweise abgetragen und in das Museum von Nikosía überführt.
Oben Kreuzigung (spätes 13. Jh.)

Links **Westnarthex mit Darstellung des Jüngsten Gerichts (1332/1333).**
Oben **Die Kirche Panajía von Nordwesten.**

Panajía Phorbiótissa von Asínu

Die Loslösung von der makedonischen Renaissance vollzog sich im zwölften Jahrhundert, und es bildete sich die Kunst der Komnenen (1081 bis 1185) heraus, wovon Zypern eindrucksvolle, reife Werke besitzt. Hier seien die Wandmalereien in der Kirche Panajía Phorbiótissa in Asínu aus dem Jahr 1105/1106 angeführt und die älteren, 1183 entstandenen Fresken aus der Felsenkirche des Neóphytos bei Páfos (S. 116f.). Die eindrucksvollsten Werke der Komnenen birgt die Kirche von Laghudherá (S. 102ff.).
Ein absolutes Glanzlicht sakraler Kunst ist die Malerei in der Kirche von Asínu, deren Fresken den Höhepunkt byzantinischer Wandmalerei auf Zypern darstellen. Die Kirche der Panajía Phorbiótissa von Asínu liegt etwa zwei Kilometer südlich der Ortschaft Nikitári in den Bergen.
Der unscheinbare Sakralbau mit seinem steilen Satteldach ruht auf einer lichten Anhöhe in einem weiten Tal, umgeben von Kiefern- und Mischwald. Der Ort strahlt Stille und Geborgenheit aus. Schon der Name des Gotteshauses verweist auf seine Naturnähe: Phorbiótissa leitet sich wohl von *euphorbia* ab, der Gattungsbezeichnung für Wolfsmilchgewächse. Asínu deutet auf Einwanderer von der Peloponnes hin, die im elften

Oben Mittlerer Kirchenraum, Nordwand (3. Viertel 14. Jh.): Judasverrat.

Unten Mittlerer Kirchenraum (3. Viertel 14. Jh.). Südwand (unten): Geburt Christi, Tempelgang Christi, Taufe im Jordan, Verklärung Christi auf dem Berg Tabor (Metamórphosis).
Nordwand (oben): Judasverrat (s. Detail oben), Simeon von Kyrene trägt das Kreuz Christi, Kreuzigung, Beweinung Christi.

Rechte Seite
Westwand des westlichen Raumtrakts (1105/1106):
Oben Einzug in Jerusalem, das letzte Abendmahl; eindrucksvoll ist das nur aus einem Fisch bestehende Mahl.
Unten Marientod; Christus hält die Seele der Muttergottes (in Gestalt eines Kindes in weißen Gewändern) in seinen Händen. Über ihm warten zwei Engel, die die Seele in Empfang nehmen wollen, um die sie ins Paradies zu bringen.

Jahrhundert aus Asine, einer mykenischen Gründung, nach Zypern kamen und ihre Kirche nach der früheren Heimatstadt benannten. Die kleine Einraumkapelle der Muttergottes wurde zu Beginn des zwölften Jahrhunderts errichtet und erhielt am Ende desselben Jahrhunderts einen architektonisch interessanten Kuppelnarthex mit je einer Konche im

Norden und Süden. Der Innenraum gleicht einem erlesen ausgestatteten Freskenmuseum; die bedeutendsten Werke entstammen den Jahren 1105/1106 (Stifterinschrift) und dem vierzehnten Jahrhundert.
Bei den ältesten Fresken handelt es sich um Werke des frühkomnenischen Stils. Dabei zeigen die Szenen eine auffallend rhythmische Gruppierung schlanker Figuren in engen Gewändern und mit stark verinnerlichtem Gesichtsausdruck. Der oder die Maler standen in engem Bezug zu den Kunstentwicklungen in Konstantinopel oder kamen gar aus der Metropole selbst. Dieser Freskenzyklus vom Anfang des zwölften Jahrhunderts ist der einzige uns bekannte frühkomnenische im gesamten byzantinischen Kulturraum.
Die Fresken des Kirchenschiffs dagegen gehören dem paläologischen Stil aus dem dritten Viertel des vierzehnten Jahrhunderts an und zeigen einen ausführlichen christologischen Zyklus. Diese Malereien tragen stark volkstümlichen Charakter, sie leben von den intensiven Farbkontrasten der einzelnen Bilder und lassen viel Liebe zum Detail erkennen. Überhaupt war das vierzehnte Jahrhundert für den Schmuck des Innenraums der Asínu-Kirche die Zeit der großen Erneuerung. Bereits 1332/33 erhielt der Narthex ein komplett neues Bildprogramm: Die Vorhalle wurde mit dem Jüngsten Gericht ausgemalt. Sicherlich war dieses Sujet als Mahnung an die Gläubigen gedacht, die erst das Jüngste Gericht durchschreiten mussten, ehe sie das geistige Gebäude, die Kirche als Sinnbild des göttlichen Kosmos, betreten durften. Im Laufe des vierzehnten Jahrhunderts wurden weitere Fresken hinzugefügt, sei es, weil die älteren zerstört waren, sei es, dass ein neues Thema Priorität bekam.

Oben Detail aus der Hadesfahrt (Anástasis). Christus hält Adam an seiner rechten Hand und führt ihn und die hinter ihm stehende Eva aus dem Hades. Rechts stehen Johannes der Täufer und Könige (1196).
Unten Die heiligen Asketen Onouphrios und Makarios (1183).

Rechts
Christus vor Pilatus (1196).

Felsenkirche Ájios Neóphytos

Das Kloster Ájios Neóphytos geht auf den Einsiedler selben Namens zurück, der 1152 als Achtzehnjähriger die Flucht vor der Ehe ergriff und sich ins Kloster zurückzog. Offenbar war ihm aber auch das Kloster Ájios Chrysóstomos im Pendadháktylos-Gebirge noch zu betriebsam, so dass er sich für ein Dasein als Eremit in einer Höhle Westzyperns zwischen Pólis und Páfos entschied (1159). Berühmtheit erlangte er durch seine 1196 verfassten Kampfschriften gegen die Ausbeutung durch die Byzantiner und Kreuzfahrer. Bereits zu Lebzeiten wurde er von der Bevölkerung hoch verehrt; seine Einsiedlerklause war schon damals ein beliebter Pilgerort. Neóphytos starb 1214/15.

Seine „Wohnung" kann man heute in den Steilfelsen westlich des Klosters aus der ersten Hälfte des sechzehnten Jahrhunderts besichtigen. Während fast vierzig Jahren hat Neóphytos die naturgegebenen Felskammern ausgebaut und eine Zelle mit steinerner Liege und einem Felsenbett sowie einem Tisch und eine Höhlenkapelle geschaffen. In einer Nische errichtete er sein Felsengrab. Gegen Ende des zwölften Jahrhunderts wurde östlich der Eremitenhöhle ein Kloster errichtet und kunstvoll ausgemalt. Die Malereien in der Felsenkapelle des Neóphytos und der Klosterkirche gehören zu den eindrucksvollsten Zyperns. Kunstgeschichtlich sind diese byzantinischen Fresken aus vier verschiedenen Stilkreisen von hohem Wert. Die Malereien aus dem Jahr 1183 stammen von Theodor Apseudes, einem großen Künstler aus Konstantinopel, dessen vollendete Linienführung der neoklassischen Auffassung folgt. 1196 entstanden in den Höhlen Malereien eines unbekannten Meisters. Der dargestellte Passionszyklus folgt in seiner schlichten Strenge ganz der Richtung, die sich Ende des zwölften Jahrhunderts als Gegenbewegung zu der Kunst Konstantinopels in den Klöstern etablierte (monastischer Stil). Seltsam, ja beinahe überheblich erscheint es dem heutigen Betrachter, dass Neóphytos sich selbst zu Lebzeiten unter die Heiligen einreihte und sein „Erdenziel" erlangte, indem er sich von zwei Engeln begleiten ließ.
Die Übermalungen aus dem Jahr 1503 haben naivvolkstümlichen Charakter.

Die Gemälde im Katholikon des Klosters entstanden in der ersten Hälfte des sechzehnten Jahrhunderts. Die Reste im nördlichen Seitenschiff zeigen Szenen aus dem Akáthistos-Hymnos und sind herausragende Werke des italo-byzantinischen Stils. In der Klosterkirche werden auch die Reliquien des Heiligen gehütet.

Panajía Theotókos von Tríkomo

Im Zentrum von Tríkomo erhebt sich die kleine Kreuzkuppelkirche der Panajía Theotókos mit ihren wertvollen Fresken aus dem frühen zwölften Jahrhundert. Sie ist ein Juwel byzantinischer Kunst. Die noch vorhandenen Fresken im Innenraum sind neben jenen der Asínu-Kirche die einzigen erhaltenen Malereien der frühkomnenischen Epoche auf Zypern. Der Pantokrator in der Kuppel mit seiner starken Ausdruckskraft und Plastizität erinnert an das hellenistische Idealporträt, wie es im Pantokrator-Mosaik der Klosterkirche Daphni aus der zweiten Hälfte des elften Jahrhunderts zu besichtigen ist. Die Inschrift am Rand des Medaillons gemahnt die Gläubigen daran, dass sie irgendwann für ihr Tun auf Erden Rechenschaft ablegen müssen: „… Sterbliche fürchtet Euch vor dem Jüngsten Gericht!" Umgeben ist die Christusdarstellung von Engeln. Im Mittelpunkt der himmlischen Heerscharen steht der leere Thron Gottes mit dem Heiligen Geist in Gestalt einer weißen Taube, flankiert von Maria und Johannes dem Täufer, den Mittlern zwischen Gottvater und den Menschen. Im südlichen Gewölbe sind einige Fresken mit Szenen aus der Vita der Muttergottes erhalten, ebenfalls aus frühkomnenischer Zeit. Besonders eindrucksvoll wirkt hier das Fragment der Geburtsszene, in dem drei Hirten mit völlig unterschiedlichen Porträts erscheinen, von denen einer die Panflöte spielt.

Rechts Christus Pantokrator in der Kuppel und die himmlischen Heerscharen, die sich nach unten (= Osten) zum Thron Gottes mit den Passionswerken und dem Heiligen Geist (weiße Taube) bewegen; links und rechts flankiert von Maria und Johannes dem Täufer. Die im umlaufenden Kreis angebrachte Inschrift lautet: „Sterbliche, fürchtet das Jüngste Gericht!" Die Malereien datieren in das frühe 12. Jh.

IC
XC

Linke Seite oben Heiliger Demetrianos (Ende 12. Jh.).
Linke Seite unten: Südostansicht der Klosterkirche Christus Antifonitís.

Rechts Erzengel Michael vor dem Kunstraub bzw. vor der Zerstörung in der Zeit nach der türkischen Invasion im Jahre 1974 und nach der katastrophalen Vernichtung eines Werks, das zum Weltkulturerbe der UNESCO gehört (Ende 12. Jh.).

Kalogréa, Kloster Christus Antifonitís

Im Ostteil des Pendadháktylos-Gebirges im türkisch besetzten Teil Zyperns liegt die kleine Ortschaft Kalogréa. Der Name erinnert an das griechische Wort für Nonne (kalogría) und deutet darauf hin, dass die außerhalb des Dorfes liegende Kirche einst ein Kloster war. Der Beiname Antifonitís geht auf antifonísma zurück (wörtlich: „die Stimme von gegenüber hören“, damit ist ein liturgischer Wechselgesang gemeint), was ebenfalls auf ein Kloster hindeutet. Die klösterlichen Gebäude sind nur noch in Teilen erhalten. Von großer architektonischer und kunstgeschichtlicher Bedeutung sind die Fresken und das Acht-Stütz-System der Kuppelkirche. Es ist die einzige Kirche Zyperns, deren Kuppel von acht Säulen getragen wird.

Die Malereien stammen aus dem zwölften und fünfzehnten Jahrhundert. Doch von dem einstigen Schmuck der spätkomnenischen Fresken aus der Zeit um 1190 und den Werken aus der Paläologenzeit sind nur noch klägliche Fragmente erhalten. Die Kirche ist im wahrsten Sinne des Wortes unter die Räuber gefallen. Im türkisch besetzten Teil kam es nach der Invasion 1974 zu systematischen Plünderungen historischer Stätten der zehntausendjährigen Inselkultur. Die Odyssee der geraubten nordzypriotischen Kunstwerke – meist handelt es sich dabei sogar um Werke, die zum UNESCO Weltkulturerbe gehören – vom Raub bis zur Sicherstellung ist oftmals abenteuerlich. Noch heute lagern in der Obhut der Münchner Staatsanwaltschaft viele beschlagnahmte, vor allem byzantinische Exponate und warten auf den richterlichen Entscheid, dass sie nach Zypern zurückgeführt werden dürfen. Unter diesem Diebesgut befinden sich auch Fresken, die aus der Antifonitís-Kirche stammen.

Bei der einst prachtvollen Apsisausschmückung, die an die wundervollen Malereien von Laghudherá erinnern (s. S. 102ff.), wurden mit Brachialgewalt die Köpfe der Erzengel zerstört. Der ganze Kirchenraum ist eine Ruine. Einst schmückte die Nordwand eine eindrucksvolle Darstellung des Jüngsten Gerichts aus dem Ende des fünfzehnten Jahrhunderts. Auch die Fresken vom Stammbaum Jesse der Südwand gehören zum Diebesgut.

Ájios Ioánnis Lampadhistís von Kalopanajiótis

Die Kunst der Paläologen (1261 bis 1453) steht für den fließenden Übergang von der klassisch geprägten komnenischen Tradition zum dreizehnten/vierzehnten Jahrhundert, als sich ein starker Realismus durchsetzt, der viele Werke dieser Epoche kennzeichnet. Zypern verfügt über einen sehr reichen Denkmalbestand aus dieser Zeit. Seit dem vierzehnten Jahrhundert halten durch das Auftreten der Kreuzfahrer sowie die Herrschaft der Lusignans und Venezianer viele westliche Einflüsse Einzug in die byzantinische Malerei Zyperns. Stilelemente der Renaissance werden verarbeitet. Deren auffälligste Merkmale sind lateinische Beischriften sowie die Gewänder und das Tafelgeschirr. Aber auch szenische Vorbilder werden aufgegriffen. In Kreuzigungsdarstellungen ist die starr wirkende Innerlichkeit nun einem lebhaften Realismus gewichen. Dem schmerzgekrümmten Körper Christi am Kreuz und seinem leidensvollen Todeskampf steht die Ohnmacht der Muttergottes gegenüber. Sie ist so sehr vom Schmerz über den Tod ihres Sohnes erschüttert, dass sie zusammenbricht und von den Frauen ihrer Begleitung gestützt werden muss.
Die Eroberung Konstantinopels 1453 bringt das Ende des tausendjährigen byzantinischen Reiches, nicht aber das seiner Kunst. Vielmehr lebt sie bis in unsere Tage weiter: Noch heute entstehen überall, wo orthodoxe Christen Gotteshäuser bauen, Fresken getreu dem überlieferten ikonographischen Programm, und zwar nicht nur dem Inhalt nach, sondern auch ausgezeichnet durch die bekannten Stilelemente der alten großen Kunst von Byzanz.

Die Bebauung von Kalopanajiótis mit seinen alten Wohnhäusern reicht den steilen Hang hinunter bis zum Bachbett des Sétrachos. An dessen östlichem Ufer liegt das Ensemble der Kirche Ájios Ioánnis Lampadhistís.
Allein der Klosterhof, mit Blumen geschmückt und liebevoll gepflegt, ist ein Erlebnis (*oben*). Es gibt kaum etwas Vergleichbares auf der Insel. Und dann die vergeistigten Sakralräume: Hier offenbart sich Byzanz mit Kunstwerken aus drei Jahrhunderten. Der Kirchenkomplex des Klosters, den man von Süden her betritt, enthält kostbare byzantinische und italobyzantinische Fresken aus dem frühen dreizehnten Jahrhundert bis um 1500. Drei Kapellen, die im Laufe der Jahrhunderte dem ursprünglichen Kreuzkuppelbau angefügt wurden, verbergen sich unter dem ausladenden Scheunendach. Grundsätzlich werden byzantinische Sakralbauten entweder von Tonnengewölben oder Kuppeln überspannt. Erst die Lusignans erkannten die Gefahr, die den Kirchen im Tróodhos-Gebirge durch die winterlichen schweren Schneelasten drohte, deshalb sicherten sie die Gotteshäuser zusätzlich mit einer zweiten Dachhaut, eben mit den scheunenartigen Schutzdächern, von denen der Schnee ungehindert abgleiten kann.

Rechte Seite
Die Wandmalereien in der Kreuzkuppelkirche des heiligen Herakleídhos gehören teilweise in die erste Hälfte des dreizehnten Jahrhunderts und entsprechen dem strengen Stil der frühkomnenischen Kunst. Sie schmücken die Kuppel, den südlichen Kreuzarm und die gesamte Südwand. Die kräftigen Konturen, das tiefe Rot der Fleischfarbe in den Gesichtern sowie der Kontrast zwischen der starren Unbeweglichkeit der wartenden Stadtväter Jerusalems und der Dynamik der in die Stadt hereinströmenden Menschen in der Szene „Einzug in Jerusalem" (*oben*) sind deren charakteristische Merkmale.
Unten Detail aus der Himmelfahr Christi mit dem leeren Thron Gottes und dem Heiligen Geist in Gestalt einer weißen Taube

(beides 1. Hälfte 13. Jh.) Alle anderen Fresken der Kreuzkuppelkirche entstammen der Zeit um 1400. Mit ihnen ist ein eindrucksvoller Passionszyklus der spätbyzantinischen Epoche erhalten, der wahrscheinlich auf zypriotische Passionsspiele des Mittelalters zurückgeht. Die einfache, teilweise volkstümliche Malweise nimmt den Darstellungen nichts von ihrer Dramatik.
Die mittlere, tonnengewölbte Kapelle ist dem heiligen Ioánnis Lampadhistís geweiht, dem Namensgeber des Klosters. Er wurde kurz vor dem Ende des elften Jahrhunderts in dem heute nicht mehr existierenden Gebirgsdorf Lámbas im Tróodhos geboren und starb schon als 22-Jähriger. Im zwölften Jahrhundert errichtete man dem Heilkundigen zu Ehren diese Kapelle, die jedoch am Anfang des achtzehnten Jahrhunderts nahezu völlig neu aufgebaut werden musste. Aus der Gründungszeit sind noch zwei Freskenfragmente am Nordost-Pfeiler erhalten. Im Narthex sind Malereien von 1453 zu bewundern, also aus jenem Jahr, an dessen 29. Mai Konstantinopel erobert wurde und das byzantinische Jahrtausend seinen Untergang erfuhr. Sie haben christologische Themen zum Inhalt, die vorwiegend von Heilungen und anderen Wundern des Herrn erzählen. In der nördlich anschließenden Kapelle für die Lateiner (Abb. S. 124f.) wurde in der Zeit um 1500 der Akáthistos-Hymnos in stark italienisch geprägtem Stil abgebildet.
Am vierten Oktober feiert die Bevölkerung im Kloster den Namenstag des Heiligen. Kranke pilgern dann hierher, da sie sich – auch heute noch – von ihm Genesung versprechen.

Oben und rechte Seite Lateinische Kapelle mit Darstellung des Akáthitos-Hymnus (Marienhymnus, der während der ersten fünf Wochen der Fastenzeit jeden Freitag in 24 Strophen von Alpha bis Omega in der orthodoxen Kirche im Stehen gesungen wird) aus der Zeit um 1500. Deutlich ist der venezianische Einfluss in den bewegten Personendarstellungen und der Rahmenarchitektur erkennbar. Nur die Tafelberge entsprechen byzantinischem Formengut (italo-byzantinischer Stil).
Oben Geburt Christi und die Heiligen Drei Könige auf dem Wege zum Stall von Bethlehem.
Unten Die Heiligen Drei Könige und Flucht nach Ägypten

Die Muttergottes von Mutullás

Das einfache einschiffige, tonnengewölbte Kapellchen der Panajía tu Mutullá duckt sich unter einem für das Tróodhos-Gebirge typischen Scheunendach. Es ist das älteste bekannte Beispiel dieser Art von Architektur auf der Insel.

Von den Malereien des Innenraums aus dem Jahr 1280 sind nur wenige Werke erhalten. Ihre kräftigen Rottöne, die markante Linienführung, die stereotypen Porträts der Stifter sowie die meist runden Gesichter der Heiligen mit ihren unnatürlich wirkenden Augen weisen auf kappadokische Vorbilder aus dem frühen dreizehnten Jahrhundert. Das Gotteshaus, oberhalb des Dorfes gelegen, strahlt Ruhe und Geborgenheit aus und lädt mit seinem idyllischen Vorplatz zu einer erholsamen Rast ein – vor dem nächsten Streifzug durch die Welt der byzantinischen Kunst.

Rechts ein Detail aus der Kreuzigungsdarstellung (1280).

IC
ΜΗΡ
ΘΥ

Tímios Stawrós von Pélendri
Die Heiligkreuzkirche liegt leicht erhöht auf einer sanften Anhöhe am Dorfrand von Pélendri an den südlichen Ausläufern des Tróodhos-Gebirges. Die gut restaurierten Freken aus der paläologischen Renaissance stammen aus dem dritten Viertel des vierzehnten Jahrhunderts und haben vorwiegend Themen aus der Vita der Muttergottes zum Inhalt und handeln nicht vom Tod Christi, wie es angesichts des Kirchennamens zu erwarten wäre. Eine ikonographische Besonderheit ist die Begrüßungsszene der beiden schwangeren Frauen Maria und Elisabeth, die mit ihrer Leibesfrucht dargestellt sind (*oben*); schon im Mutterleib verneigt sich Johannes des Täufer vor Jesus. *Rechte Seite, oben* Einführung Mariens in den Tempel, wo sie von Zacharias erwartet wird (rechts oben auf dem Balkon ist bereits das Schicksal Mariens angedeutet: ein Engel verkündet ihr die Geburt Jesu). Gebet des Hohepriesters Zacharias. Zacharias übergibt Maria an Joseph. Darunter: Maria und Joseph im Gespräch. Zweifache Verkündigung an Maria: Erzengel Gabriel erscheint ihr im Garten und zu einem anderem Zeitpunkt in Marias Zimmer (3. Viertel 14. Jh.). *Unten* Ikonostás der Kirche Tímios Stawrós. Nordwestansicht der Kirche.

Im Andreas-Kloster an der Ostspitze der Halbinsel Karpasía im türkisch besetzten Teil leben noch einige wenige alte griechische Zyprioten, die nach der türkischen Okkupation ihre Heimat nicht verlassen haben.

Nonnen im Frauenkloster Ájios Herakleídhos an den südlichen Ausläufern des Macherá-Gebirges.

Ájios Mámas von Luwarás

Die kleine Einraumkirche (*oben* Südansicht) Ájios Mámas in Luwarás birgt einen vollständig erhaltenen christologischen Freskenzyklus des berühmten zypriotischen Malers Philippos Goul aus dem Jahr 1495. Von ihm stammen auch die Fresken in Platanistássa und Ghaláta. Er war ein Künstler von enormer Detailfreude, der sich im Repertoire der Ikonographie hervorragend auskannte. Hierzu sei auf die Petrusszene und das Stifterbild hingewiesen. Das Oeuvre von Philippos Goul entstand während der nachbyzantinischen Epoche, also zur Zeit der venezianischen Herrschaft.

Links Überlebensgroßer Erzengel Michael.
Rechts Westwand. In der Giebelfläche Kreuzigung – Darunter: Das letzte Abendmahl – Christus wäscht Petrus die Füße – Judasverrat – Christus steht vor den Hohepriestern Hannas und Kaiphas. Dazu kommt die erzählende Darstellung von Petrus: „Und ehe der Hahn dreimal kräht, wirst du mich verleugnen" – Austreibung des Teufels bei zwei Menschen – Stifterinschrift – Beweinung Christi. – Darunter: Links der Tür die heiligen drei Schwestern aus dem 2. Jh.: Pistis (Treue), Elpis (Hoffnung) und Agapi (Liebe); rechts neben der Tür: Ajía Marina und Ajía Paraskewí (1495).

Panajía Podhíthu von Ghaláta

Die Malereien in der Kirche Panajía Podhíthu dokumentieren den Machtwechsel auf Zypern: 1489 übernahmen die Venezianer die Herrschaft über die Insel. 1502 ließ der inzwischen hochbetagte Demetre de Coron – er hatte sich 1461 an den Auseinandersetzungen zwischen Königin Charlotta und ihrem Halbbruder, dem späteren König Jacques II., beteiligt – dieses Kloster gründen. Die Kirche, die nie vollständig ausgemalt wurde, birgt gut erhaltene Fresken aus diesem Jahr. Der Einfluss Venedigs ist am Gesamtaufbau der Motive, ihrer kontrastreichen Farbgebung, den Gewändern sowie der dramatischen Ausgestaltung der Einzelszenen ablesbar. Der italobyzantinische Stil zeigt sich deutlich in der ergreifenden Kreuzigungsszene im Westgiebel.

Rechts
Altarapsis. Die thronende Muttergottes mit dem Christuskind wird von den beiden Erzengeln Michael und Gabriel flankiert. Darunter: Apostelkommunion. Links reicht Christus Johannes den Wein, rechts reicht Christus Petrus das Brot. Italo-byzantinische Malerei aus dem Jahre 1502.

Erzengel-Michael-Kirche in Pedhulás

Das zunächst unscheinbar wirkende Gotteshaus steht inmitten der alten Wohnviertel des Dorfes. Ein wuchtiges Satteldach ragt mit seinen Traufen fast bis zur Straße hinunter, das Gebäude ähnelt so eher einer Scheune als einer Kirche. Kaum einer würde in dieser Architektur einen Sakralbau mit kostbarem Wandschmuck vermuten. Der Innenraum birgt gut erhaltene Fresken aus dem Jahr 1474, die von einem lokalen Künstler stammen und an die Malereien von Philippos Goul in Platanistássa erinnern. Sie spiegeln aber auch starke Einflüsse des Westens wider, wie beispielsweise an den Rüstungen der Soldaten in der Szene „Verrat des Judas" sichtbar wird.
Die Bilder erzählen Geschehnisse aus dem mariologischen und christologischen Zyklus. Eine Besonderheit ist die Ajía Kiriakí, die „Heilige des Sonntags", die in sechs Medaillons die weiblichen Heiligen der Wochentage vor sich hält. Erwähnenswert auch das Stifterbild über dem Portal, auf dem der Priester „Basil, Sohn des Chamades" mit seiner Frau und seinen beiden Töchtern dargestellt ist. Die westliche Vorhalle und das Seitenschiff im Norden stammen aus dem sechzehnten Jahrhundert.

Rechts
Detail der Stifterinschrift aus dem Jahre 1474.

ΜΙΧΑΗΛ ΤΑΞΙΑΡΧΟΥ ΠΡΕϹΒΙΕϹ · ΦΩΤΙϹΟΝ ΨΥΧΑϹ
ΩΝ · ΒΑϹΙΛ ΚΤΗΤΟΡΟϹ ΙΕΡΕΟϹ · ϹΥΝϹΥΖΗΓΩ ΤΕ
ΑΙ ΑΥΤΟΙϹ ΑΜΑΡΤΙΩΝ ϹΥΓΝΩΜΗΝ

Stáwros tu Ajiasmáti in Platanistássa

Die Kirche Stawrós tu Ajiasmáti liegt einsam im Tróodhos-Gebirge, etwa vier Kilometer nördlich von Platanistássa. Es ist ein wunderschönes Fleckchen Erde. Eine herrliche Wanderung führt von hier über die Berge zu der Kirche von Laghudherá.

Der Name des Gotteshauses bedeutet wörtlich „Heiligkreuzkirche nahe einer heiligen Quelle" und deutet auf zwei Aspekte hin, zum einen, dass es in diesem Gebiet tatsächlich eine Quelle gibt, und zum zweiten, dass der Freskenschmuck des Innenraums auch Darstellungen von der Auffindung des heiligen Kreuzes durch Helena, die Mutter Konstantins, aufweist. Dieser Zyklus ist in der Bogennische an der Nordwand mit dem Holzkreuz vor dem Altarraum dargestellt. Zu den Wandmalereien zählen auch die höchst selten bildlich dargestellten Ereignisse aus der Vita Konstantins des Großen, darunter seine Kreuzesvision vor der Schlacht an der Milvischen Brücke im Jahr 312.

Die übrigen Fresken zeigen vielfältige christologische und mariologische Szenen von enormer Detailfreude. Auffallend sind zahlreiche ikonographische Einzelheiten westlichen Ursprungs, so etwa die klagenden Frauen bei der Beweinung Christi. Bemerkenswert sind die Lebendigkeit der einzelnen Personen, auch wenn sie etwas unbeholfen, ja teilweise volkstümlich wirken, sowie der erzählende Stil bei der Szene „Verleugnung des Petrus". Es sei noch auf eine weitere ikonographische Besonderheit hingewiesen: Bei der Darstellung „Christus vor Pilatus" erscheint in dem Augenblick seine Gemahlin Procula (Prokla), als sich der römische Statthalter die Hände wäscht. Mit erhobenem Zeigefinger weist sie auf Christus und bittet vergebens um seine Freilassung. Procula wird später in den Heiligenkalender der Ostkirche aufgenommen.

Diese Kunstwerke sind ein wichtiger Bestandteil der nachbyzantinischen Malerei mit einem der ausführlichsten ikonographischen Programme Zyperns. Sie wurden von dem aus Syrien stammenden Philippos Goul geschaffen (s. S. 132). Der Künstlername ist inschriftlicht gesichert, das Jahresdatum der Entstehung der Malereien ist leider verderbt, doch verweisen uns die Arbeiten Gouls in jedem Fall in das späte fünfzehnte Jahrhundert.

Linke Seite oben Betende Muttergottes mit dem segnenden Christuskind in einem Medaillon (Tonto) vor der Brust (Panaghia Platytera).
Mitte Ikonostás
Unten Taufe im Jordan (mit dem nackten Christus, aber ohne Genitalien) – Auferweckung des Lazarus – Einzug in Jerusalem – Verklärung auf dem Berg Tabor (Metamórphosis). Darunter, Heilige in Lebensgröße: Antonios, Theodosios Cönobiarch aus Kappadokien, Arsenius, Sabas, Kyriákos, Onouphrios, ein Mönch, Demetrios. Alle Fresken stammen von Philippos Goul aus dem Ende des 15. Jh. (1494?).

Diese Seite oben Nordwand mit den Heiligen Nikolaus, Andreas und Petrus; danach folgt die Nische mit der Darstellung der Kreuzaufindung durch die heilige Helena, der Mutter Kaiser Konstantin d. Gr.
Unten Die Vision Konstantin d. Gr. von dem Sieg des Christentums. Darunter: Feierlicher Einzug in Rom nach Konstantins Sieg an der Milvischen Brücke.

Ajía Parthenos (Panajía) in Kaminaría
Unterhalb des Kýkko-Kloster führt das dicht bewaldete Milikúri-Tal zu den südlichen Berghängen des Olymp (1951 m), dem höchsten Berg im Tróodhos-Gebirge. In dem kleinen Dorf Kaminaría schmücken westlich geprägte Freken aus dem ersten Viertel des sechzehnten Jahrhunderts die kleine Panajía-Kapelle. In den Gestalten des Stifterbilds erscheinen in strahlender Schönheit venezianische Edelleute, die vom Stil der byzantinischen Freskenmalerei abrücken. Man vermeint, Porträts venezianischer Malerei zu erkennen (1. Viertel 16. Jh.).

LUSIGNANS UND VENEZIANER

Vorherige Seite
Das ehemalige Prämonstratenser-Kloster Bellapais. Das gotische Kloster wurde 1205 von den Augustinern gegründet. Bereits unter der Regentschaft Hugos I. (1205–1218) schlossen sich die Prämonstratenser dem Kloster an und übernahmen es bald vollständig (s. auch S. 162/163).

Oben Kloster Neóphytos

Rechte Seite
Oben Detail vom Othello-Turm in Famagústa, so genannt, weil Shakespeare angeblich in Famagústa den Stoff für sein gleichnamiges Drama fand. Eine unbewiesene, doch einleuchtende Hypothese; der große englische Dichter schrieb nur von einem „Hafen auf Zypern". Vorbild für den „Mohr von Venedig" könnte entweder Christoforo Moro, der venezianische Vizegouverneur in Famagústa, oder auch der Soldat Francesco de Sessa aus Süditalien gewesen sein, der wegen seines dunklen Teints den Spitznamen „Il Capitano Moro" trug. Der Othello-Turm ist eine Gründung der Lusignans aus dem 14. Jh. Wie aus der Inschrift über dem Portal hervorgeht, wurde er 1480 von Nicolo Foscarini umgestaltet und erweitert.

Unten Gotisches Gewölbe der Peter-und-Paul-Kirche in Famagústa, 2. Hälfte 14. Jh.

Insel der Kreuzfahrer

Links Detail aus dem Stifterfresko in Kaminariá im venezianischen Stil (1. Viertel 16. Jh.).
Rechts Gotische Grabplatte eines Kreuzritters in der Kathedrale von Famagústa.
Rechte Seite: Westfassade der gotischen Kathedrale in Famagústa (1298–1326).

Dieu li volt – „Gott will es!" Unter diesem Kampfruf begann der erste Kreuzzug. Ein vollständiger Ablass von allen Strafen für begangene Sünden wurde all jenen verheißen, die im Krieg fallen würden. Leibeigene durften ihre Zwangsheimat verlassen, Gefangene kamen frei und Todesstrafen wurden in lebenslänglichen Dienst im Heiligen Land umgewandelt. Verwegene Abenteurer und reiche Kaufleute, abgerissene Landstreicher und verarmte Ritter, religiöse Eiferer, Mönche und junge Adlige folgten aus den unterschiedlichsten Gründen dem Ruf Papst Urbans II. zur „Rettung" der christlichen Urstätten aus den Händen der „Ungläubigen". Der erste Kreuzzug begann im Jahr 1095. Am 15. Juli 1099 erstürmte ein Heer von 12000 Mann Jerusalem. Die unterlegenen Muslime, gleich ob Soldaten, Greise, Frauen oder Kinder, wurden niedergemetzelt. Die Juden trieb man in einer Synagoge zusammen und verbrannte sie bei lebendigem Leib. Das christliche Königreich Jerusalem nahm auf Trümmern und in einem riesigen Meer von Blut seinen Anfang und wurde in den folgenden 200 Jahren durch immer neue Kreuzzüge verteidigt, bis 1291 mit der Hafenstadt Akko die letzte Bastion der Kreuzfahrer an die Muslime zurückfiel. Die Kreuzzüge waren freilich nicht nur

Lu-

durch religiösen Eifer ausgelöst. Stets ging es auch und vor allem um Macht. Ein Grund war die Schwächung des Byzantinischen Reichs und der – damit verbundene – Aufstieg der Osmanen. Das christliche Europa sah sich durch diese Kräfteverschiebung zunehmend bedroht; die Kreuzzüge waren eine Reaktion darauf.

Zypern kam erst relativ spät in die Einflusssphäre der Kreuzfahrer. Nach den Überlieferungen sogar nur durch einen Zufall: 1191, während der Zeit des dritten Kreuzzugs, geriet das Schiff mit Berengaria von Navarra, der Braut von Richard Löwenherz, in einem Sturm vom Kurs ab und strandete an der Südküste bei Amathús. Isaak Dukas Komnenos (1184–1191), ein Großneffe des byzantinischen Kaisers Manuel, selbsternannter „Kaiser von Zypern" und Abtrünniger von Byzanz, nahm die Schiffbrüchigen gefangen. Richard Löwenherz, Teilnehmer des dritten Kreuzzugs, landete daraufhin auf der Insel, befreite seine Braut und heiratete sie gleich darauf in der Burgkapelle von Límassol. Isaak Komnenos wurde von den Kreuzfahrern über die ganze Insel gejagt und schließlich im Juni 1191 im Andreas-Kloster der Karpasía-Halbinsel gefangen genommen. Er starb 1194/95 im Kerker der syrischen Festung Margat bei Tripolis.

Nach einer Revolte der Zyprioten verkaufte Richard Löwenherz die Insel schon im Juli 1191 für 100000 Golddinare an den Templer-Orden. Doch auch diesem bereitete sein neues Eigentum nur Sorgen: An Ostern 1192 brach unter der griechisch-orthodoxen Bevölkerung ein Aufstand gegen die „Franken" aus – wie die europäischen Fremdherrscher von den Einheimischen kollektiv genannt wurden –, der blutig niedergeschlagen wurde. Die Templer baten daraufhin Richard, den Kauf für nichtig zu erklären, worin dieser einwilligte.

Guy de Lusignan, als Gatte Sibyllas, der Erbin Balduins IV., angeheirateter König von Jerusalem und Oberhaupt eines französischen Adelsgeschlechts, avancierte zum neuen Besitzer. Unter seiner Herrschaft begann der Aufstieg der Insel zum märchenhaften Königreich Zypern. Obwohl Guy de Lusignan die Insel bis zu seinem Tod nur knapp zwei Jahre regierte, legte er doch den Grundstein für ihre spätere Blüte. Den Zyprioten versprach er ein Ende der Massaker und Vertreibungen und arrangierte sich so mit der einheimischen Bevölkerung. Durch die Eroberungen der Muslime in Palästina landlos gewordene Adlige lud er nach Zypern ein und versprach ihnen reichen Gewinn.

Weitere Kreuzfahrerorden wie die Johanniter kamen auf die Insel. Die Burg Kolóssi, westlich von Límassol, ist heute das bedeutendste Zeugnis des kurzen Aufenthalts der Johanniter von 1290 bis 1305/1310.

Rechts: Detail aus der Westfassade der gotischen Kathedrale in Famagústa (1298-1326).

Auch andere Ordensgemeinschaften siedelten sich an – wie etwa die Prämonstratenser, die das beeindruckende Kloster Bellapais bei Kyrénia hinterließen.

Tatsächlich beruhte der Aufstieg Zyperns zum reichen Kreuzfahrerstaat hauptsächlich auf dem Niedergang der Kreuzritter im Heiligen Land und der damit verbundenen Aufgabe ihrer eigentlichen Ziele. Denn nach dem Fall von Akko verblieb die Insel als wichtigster Handelsknotenpunkt des östlichen Mittelmeers, vor allem für die italienischen Stadtstaaten Venedig und Genua. Unter der Dynastie der Lusignans, die sich ab 1197 zu Königen von Zypern krönen ließen, wurde die Insel zu einem der wohlhabendsten Länder der Welt. Pilger berichteten vom märchenhaften Reichtum der Kaufleute. Famagústa, die wichtigste Hafenstadt, soll damals 365 Kirchen besessen haben, für jeden Tag des Jahres eine. In der Hauptstadt Nikosía entstanden prächtige Paläste und Kathedralen. Luxusgüter wie Baumwolle, Zucker, Spitzen, Kamelhaar, Seide und Goldbrokat wurden damals neben Öl, Wein und Getreide produziert.

Gotik unter dem roten Halbmond

Nicht eindrucksvolle byzantinische Bischofskirchen bestimmen die Stadtbilder von Nikosía und Famagústa, und es prägt auch kein modernes Betonhochhaus das Antlitz der beiden zypriotischen Metropolen. Es sind einstige katholische Kathedralen, die jeweils über dem Zentrum aufragen, erbaut im Stil der französischen Hochgotik. Ihre schlanken, himmelstürmenden Bauglieder künden schon aus der Ferne von der Herrschaft der Europäer seit dem dreizehnten Jahrhundert auf Zypern. In Bellapais wurde zur gleichen Zeit ein gotisches Kloster gebaut. Auf den Höhen des Pendadhaktylos-Gebirges südlich von Kyrénia entstanden großartige Burgen mit gotischen Stilelementen.

Die Übernahme Zyperns durch das Adelsgeschlecht der Lusignans im Jahr 1192 läutete auch den Beginn der gotischen Stilepoche ein. Denn damals triumphierte in Frankreich, der Heimat der Lusignans, die Gotik. Die berühmten Kathedralen von Reims (ab 1210) und Amiens (1220) wuchsen zur gleichen Zeit wie die Sophienkirche in Nikosía (1209 begonnen) und die Nikolauskirche in Famagústa (1298) gen Himmel empor. Französische Architekten kamen nach Zypern. Der katholische Adel beschenkte seinen lateinischen Klerus im Kreuzfahrerstaat Zypern mit prunkvollen Kirchen und Kathedralen.

Das Königreich Zypern erlebte nach dem Fall der Kreuzfahrer im Heiligen Land am Ende des dreizehnten Jahrhunderts eine Blütezeit; der Reichtum

Linke Seite
Oben Nikosía mit Blick über den türkisch besetzten Teil der Republik bis hin zum Pendadháktylos-Gebirge.
Unten Nikosía, der restaurierte Teil der Altstadt (Laikí Jitoniá).

Oben Der türkische Teil von Nikosía.
Unten Erinnerung an die Herrschaft der Briten: noch heute genutzter Briefkasten.

Famagústas soll den aller anderen Städte des Erdkreises übertroffen haben. So spendeten reiche Kaufleute von ihren Profiten Gelder zum Bau herrlicher gotischer Kirchen. Überall auf der Insel kam es zu einer Vermischung gotischer und byzantinischer Stilelemente. Der griechisch-orthodoxe Klerus etwa errichtete in Famagústa (Ájios Jeórjios), Nikosía (Ájios Nikólaos/heute Bedesten) und Mórfu (Ájios Mámas) überkuppelte Kirchen mit Akzenten gotischer Formensprache. Alle diese Gotteshäuser liegen heute in Trümmern.

Über den katholischen Kathedralen weht seit mehr als 400 Jahren der rote Halbmond. Nach der Vertreibung und Ermordung der Katholiken auf Zypern nahmen die muslimischen Einwanderer aus dem Osmanischen Reich die Gotteshäuser in ihren Besitz. So wurde aus der Sophien-Kathedrale in Nikosía die Selimiye-Moschee, benannt nach Sultan Selim II., und aus der Ájios-Nikólaos-Kathedrale von Famagústa die Moschee Lala Mustafa Pascha. Sie trägt ihren Namen nach dem osmanischen Eroberer Zyperns. Das Kloster Bellapais verödete nach dem Fortgang seiner Mönche. Entsprechend den islamischen Gesetzen wurde der Figu-

Das Kloster Chrysorrojiátissa (Unsere Heilige Jungfrau vom goldenen Granatapfel) ist eine Gründung aus dem Jahre 1152, wurde 1770 neu aufgebaut und 1967 nach einem verheerenden Brand restauriert.

renschmuck an den Fassaden und Spitzbögen der gotischen Kirchen auf Zypern größtenteils entfernt.

Wie üppig und prachtvoll diese Sakralbauten einst geschmückt waren, können wir am Lárnaka-Tympanon ablesen. Es ist das einzige uns bekannte Beispiel gotischer Skulpturen auf Zypern. Von toskanischen Künstlern im Auftrag der Lusignans um 1210 bis 1220 geschaffen, befindet es sich heute im Londoner *Victoria and Albert Museum*. Die christlichen Innenräume wurden den muslimischen Bedürfnissen entsprechend radikal umgestaltet. Heiligenbilder und Altäre verschwanden. Die Grabplatten französischer Adliger werden heute von dicken Lagen kostbarer Teppiche bedeckt. Statt eines Kirchturms ragen ein oder zwei (Selimiye-Moschee in Nikosía) Minarette in den Himmel. Der Muezzin, fünfmal täglich über Megaphone verstärkt in Famagústa und Nikosía zu hören, ruft zum Gebet für Allah.

Doch der Reichtum war keineswegs für alle da. Die Frankokratía, so die griechische Sammelbezeichnung für die Herrschaft der Europäer, sorgte

Kloster Macherá im Macherá-Gebirge. Es wurde in der Mitte des 12. Jh. gegründet, 1530 und 1892 durch Brandkatastrophen weitestgehend zerstört. Die heutigen Bauten stammen überwiegend aus dem Jahre 1902. In den letzten zehn Jahren wurde das Kloster erheblich ausgebaut.

nur für ihre eigenen Mitglieder, und das waren wenige hundert Menschen. Als Feudalherren teilten sie das Land unter sich in Lehen auf, die meisten Zyprioten wurden zu Fronbauern. Sie, die *pároikoi* („Nachbarn"), mussten eine jährliche Kopfsteuer bezahlen, zwei Tage in der Woche Frondienste ableisten und ein Drittel der Agrarprodukte ihren Herren abliefern. Die griechisch-orthodoxe Kirche wurde unterdrückt: Ab 1260 gab es auf der ganzen Insel nur noch vier griechische Bischöfe. Die orthodoxen Christen mussten zusätzlich dem katholischen Erzbischof die Treue schwören. In den Jahren 1427, 1472 und 1562 kam es zu heftigen Aufständen der einheimischen Bevölkerung, die grausam niedergeschlagen wurden.

Willibrand von Oldenburg besuchte Zypern im Jahr 1211 als Pilger und berichtete über die Frankenherrschaft und die Lusignans, die Griechen und Armenier wie Leibeigene behandelten.

Frauenkloster Herakleídhos: Der Kuppelbau gehört zum Mausoleum (14. Jh.) des heiligen Herakleídhos, rechts die Apsiden zur Klosterkirche aus dem 15. Jh.

Wechselnde Abhängigkeiten

Im Oktober des Jahres 1372 geriet das Königreich Zypern aus einem scheinbar nichtigen Anlass in eine folgenschwere Krise: Es ging um die Frage, wer den Zügel des Pferdes von König Peter II. auf dem Rückweg von dessen Krönung in der Kathedrale von Famagústa halten durfte. Bis dato war das ein Privileg des genuesischen Podestà gewesen, doch dieses Mal war es der Konsul von Venedig, der Bailo, dem die Ehre zuteil wurde. Der Streit um den „Zügelhalter" kulminierte in Plünderungen genuesischer Handelshäuser in der Stadt. Das war der Anlass für einen Krieg Genuas gegen Zypern. 1373/74 eroberten und beraubten die Genuesen Famagústa, und Zypern wurde im Friedensschluss gezwungen, hohe Kriegsentschädigungen und jährliche Tribute an die Seerepublik zu zahlen. Hintergrund dieser Auseinandersetzungen war der Machtkampf zwischen Venedig und Genua um die Kontrolle der gewinnträchtigen Handelskontakte im östlichen Mittelmeer. Im Jahr 1426 eroberten die muslimischen Mamelucken Nikosía und andere Städte. Fortan

Im Frauenkloster Herakleídhos ist auch die Computertechnik eingezogen: Die Nonnen produzieren kostbare Stoffe mit computergesteuerten Maschinen. Im Kloster Stawrowúni malt der Mönch Kallínikos nach alter byzantinischer Tradition Ikonen.

musste Zypern zusätzlich einen jährlichen Tribut an Ägypten zahlen.

Die Abhängigkeit des fränkischen Adels auf Zypern von Venedig wuchs in den folgenden Jahren kontinuierlich. Gleichzeitig bildete das Osmanische Reich eine immer größere Gefahr. Unter dem Druck Venedigs trat die letzte Herrscherin des Königreichs Zypern, Caterina Cornaro, die Witwe Jakobs II., die aus einem venezianischem Patrizierhaus stammte, im Jahr 1489 „freiwillig" die Macht an die Lagunenstadt ab. Zu dieser Zeit war Zypern längst nicht mehr die reiche Handelsmacht mit Verbindungen im gesamten Mittelmeerraum. Aber es war die letzte europäische Bastion gegenüber dem expandierenden Osmanenreich. Schon 1453 hatten die Osmanen Konstantinopel eingenommen.

Bei der Übergabe Zyperns an Venedig standen die Truppen des Sultans bereits in Armenien und Griechenland, im Westen reichte ihre Macht bis Belgrad, bald darauf eroberten sie Ungarn und Rumänien. 1529 belagerten die Osmanen Wien. Nacheinander fielen die venezianischen Besitzungen im Mittelmeer an den Sultan. Auf Zypern bereitete man sich auf eine Invasion vor. In Nikosía wurden eiligst neue Stadtmauern hochgezogen, Kastelle umgebaut und verstärkt. Der einst reiche Kreuzfahrerstaat, der letzte europäische Außenposten im östlichen Mittelmeer, war in eine verzweifelte Lage geraten. In dieser Not hatte man sich bereits zwei Jahre vor den blutigen Kämpfen um Konstantinopel Hilfe suchend an Papst Nikolaus V. gewandt. Da man in Rom noch eine vage Hoffnung auf den Rückgewinn Jerusalems hegte, versuchte Seine Heiligkeit die europäischen Christen – wie beim ersten Kreuzzug – durch einen Ablassbrief für die Verteidigung Zyperns zu gewinnen. Dieser Ablassbrief wurde wohl zu Tausenden Exemplaren in ganz Europa verteilt. Sie mussten einzeln von der örtlichen Kirche und einem Notar bestätigt werden.

Osmanische Eroberung

„Wir fordern von euch Zypern, und ihr werdet es freiwillig oder gezwungen an uns abtreten." So lautete das Ultimatum an Venedig von Selim II., „Osmanischer Sultan, Kaiser der Türken, Herr der Herrschaften, König der Könige, Schatten Gottes, Herr des irdischen Paradieses und von Jerusalem".

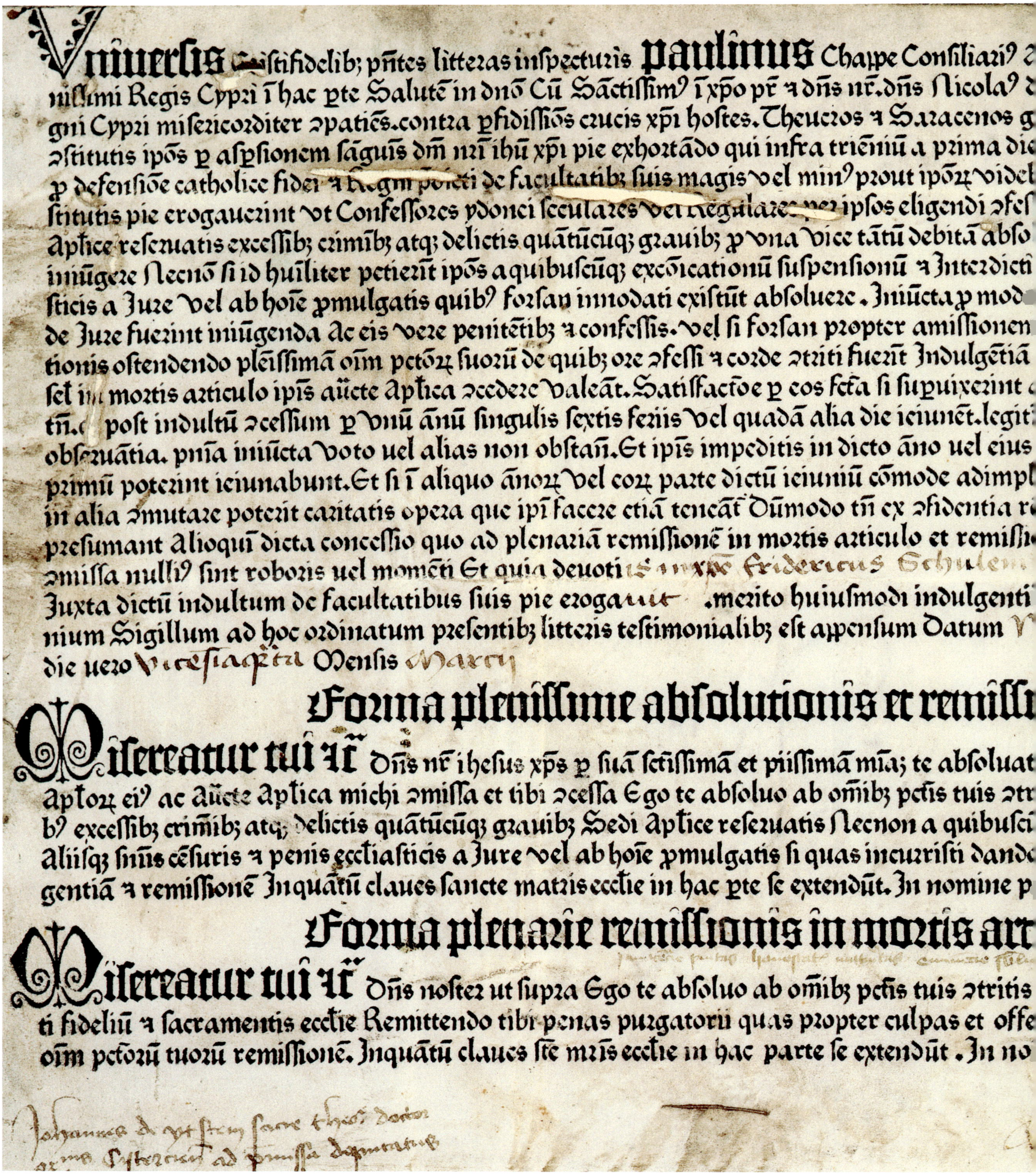
Vniuersis xpistifidelib; p̄ntes litteras inspecturis Paulinus Chappe Consiliari9 ...
nissimi Regis Cypri ī hac pte Salutē in dn̄o Cū Sāctissim9 ī xpo pr̄ ⁊ dn̄s nr̄. dn̄s Nicola9 ...
gni Cypri misericorditer ɔpatiēs. contra pfidissiōs crucis xp̄i hostes. Theucros ⁊ Saracenos g...
ɔstitutis ipōs p aspsionem sāguīs dn̄i nr̄i ihū xp̄i pie exhortādo qui infra trieniū a prima die...
p defensiōe catholice fidei ⁊ Regni pdicti de facultatib; suis magis vel min9 prout ipōꝝ videl...
stitutis pie erogauerint vt Confessores ydonei seculares vel regulares per ipsos eligendi ɔfes...
aplice reseruatis excessib; crimib; atq; delictis quātūcūq; grauib; p vna vice tātū debitā abso...
iniūgere Necnō si id huiliter petierīt ipōs a quibuscūq; excōicationū suspensionū ⁊ Interdicti...
sticis a Jure vel ab hoīe pmulgatis quib9 forsan innodati existūt absoluere. Iniūcta p mod...
de Jure fuerint iniūgenda ac eis vere penitētib; ⁊ confessis. vel si forsan propter amissionen...
tionis ostendendo pleīssimā oīm petōꝝ suorū de quib; ore ɔfessi ⁊ corde ɔtriti fuerīt Indulgētiā...
sel in mortis articulo ipīs aūcte ap̄lica ɔcedere valeāt. Satisfactōe p eos fcā si supuixerint ...
tū... post indultū ɔcessum p vnū ānū singulis sextis feriis vel quadā alia die ieiunēt. legit...
obseruātia. pnīa iniūcta voto uel alias non obstañ. Et ipīs impeditis in dicto āno uel eius...
primū poterint ieiunabunt. Et si ī aliquo ānoꝝ vel coꝝ parte dictū ieiuniū cōmode adimpl...
in alia ɔmutare poterit caritatis opera que ipī facere etiā teneāt Dūmodo tñ ex ɔfidentia r...
presumant Alioquī dicta concessio quo ad plenariā remissionē in mortis articulo et remissi...
ɔmissa nulli9 sint roboris uel momēti Et quia deuoti ... Fridericus Schulem...
Juxta dictū indultum de facultatibus suis pie erogauit ... merito huiusmodi indulgenti...
nium Sigillum ad hoc ordinatum presentib; litteris testimonialib; est appensum Datum ...
die uero vicesimaquarta Mensis Marcij

Forma plenissime absolutionis et remissi...

Misereatur tui ⁊c Dn̄s nr̄ ihesus xp̄s p suā sctissimā et piissimā mīā; te absoluat ...
apłoꝝ ei9 ac aūcte ap̄lica michi ɔmissa et tibi ɔcessa Ego te absoluo ab om̄ib; pcc̄is tuis ɔtr...
b9 excessib; crimib; atq; delictis quātūcūq; grauib; Sedi ap̄lice reseruatis Necnon a quibuscū...
aliisq; siñs cēsuris ⁊ penis ecc̄iasticis a Jure vel ab hoīe pmulgatis si quas incurristi dand...
gentiā ⁊ remissionē Inquātū claues sancte matris ecc̄ie in hac pte se extendūt. In nomine p...

Forma plenarie remissionis in mortis art...

Misereatur tui ⁊c Dn̄s noster ut supra Ego te absoluo ab om̄ib; pcc̄is tuis ɔtritis ...
ti fideliū ⁊ sacramentis ecc̄ie Remittendo tibi penas purgatorii quas propter culpas et offe...
oīm pcc̄oꝝ tuoꝝ remissionē. Inquātū claues scē mr̄is ecc̄ie in hac parte se extendūt. In no...

Johannes de ... sacre theol. doctor ... ad premissa deputatus

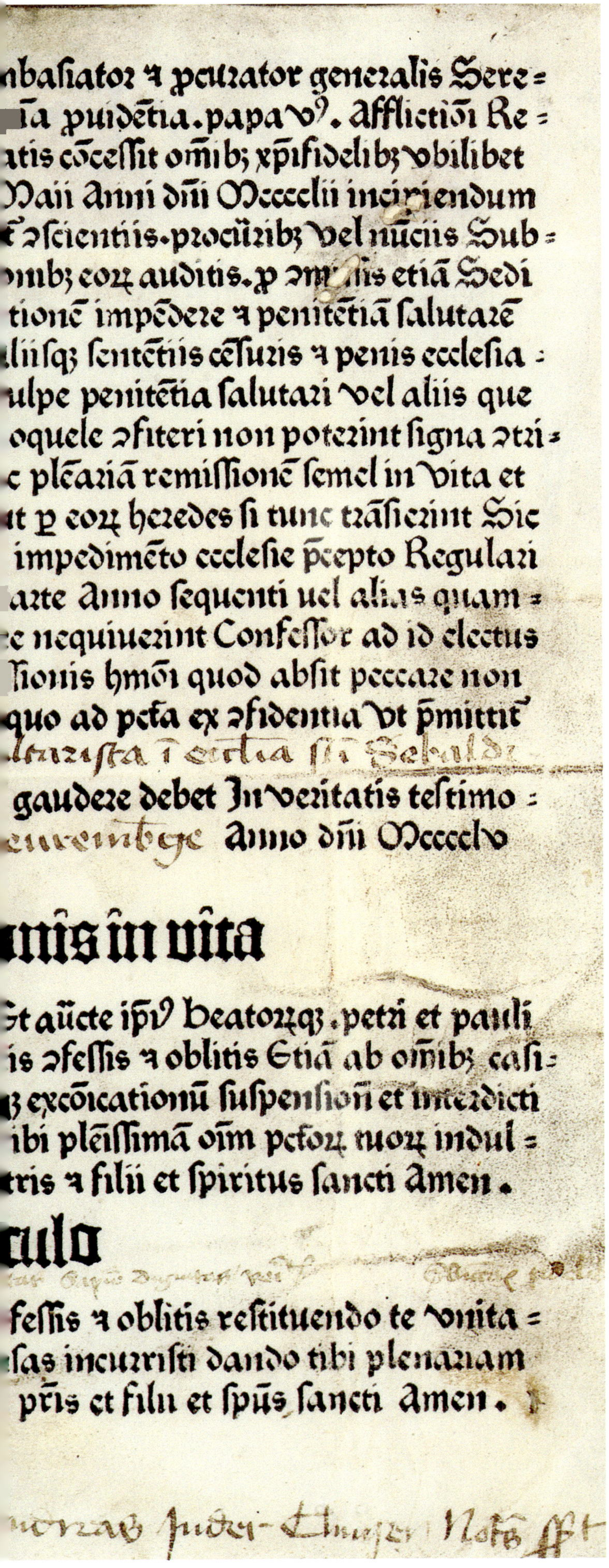

Ablassbrief von Papst Nikolaus V. (1447-1455) aus dem Jahre 1455. Das Original wurde von Johannes Gutenberg gedruckt und befindet sich heute in der Dresdener Staatsbibliothek (Archiv-Nr.: 031V).

Im März 1570 erfolgte die von den Venezianern schon lange erwartete Kriegserklärung. Das Osmanische Reich befand sich zu dieser Zeit auf dem Höhepunkt seiner Macht. Vom heutigen Irak bis nach Ungarn reichte der Vielvölkerstaat. Im Mittelmeer konnte nur das von den Johannitern verteidigte Malta erfolgreich Widerstand leisten. Doch die Entscheidung für den Krieg fiel den Osmanen nicht leicht, da sie sich immer noch an die alten Verträge mit Zypern gebunden fühlten.

Ein Ablassbrief – Hilfe für Zypern *Allen Christgläubigen, die diese Urkunde sehen, entbietet Paulinus Chappe, Ratgeber, Gesandter und Beauftragter des allergnädigsten Königs [Johann II.] von Zypern in dieser Angelegenheit, seinen Gruß im Herrn. Der heiligste Vater in Christus, unser Herr Nikolaus, aus göttlicher Vorsehung der fünfte Papst dieses Namens [von 1447 bis 1455], hat aus Mitleid gegenüber dem Schicksal des Königreichs Zypern allen Christgläubigen, wo immer sie wohnen, die bereit sind, für die Verteidigung des katholischen Glaubens und des genannten Königreichs gegen die treulosesten Feinde des Kreuzes Christi, die Türken und Sarazenen, zu kämpfen, diesen Gnadenerweis unentgeltlich zugestanden. Sie sollten sich in Erinnerung an das Blutvergießen Christi innerhalb von drei Jahren, vom 1. Mai des Jahres 1452 an, bereit finden [zur Verteidigung des katholischen Glaubens und des genannten Königreiches], je nach ihren Möglichkeiten mehr oder weniger, wie es ihnen ihr Gewissen sagt. Ehe die zur Verteidigung des Glaubens und des Königreichs Zypern bereiten Gläubigen sich dazu aufmachen, sollten sie durch Beauftragte oder Boten darum bitten, dass geeignete Beichtväter ihrer Wahl, Weltgeistliche oder Ordensmitglieder, ihre Sünden hören. Für alle auch dem Apostolischen Stuhl reservierten Vergehen, Verbrechen und Übeltaten, seien sie auch noch so schwer, sollten die zur Beichtabnahme in diesem besonderen Fall Ermächtigten die geschuldete Absolution [Lossprechung von den Sünden] erweisen und die Heil bringende Buße auferlegen. Und wenn die in Frage kommenden Gläubigen diese [Welt- oder Ordensgeistlichen] demütig bitten, so sollten diese sie von allen Strafen der Exkommunikation, der Suspension [Amtsenthebung], des Interdikts und anderen kirchlichen Verurteilungen, die vom Kirchenrecht oder einem Menschen ausgesprochen wurden und in die sie vielleicht noch verstrickt sind, lossprechen... Wenn vielleicht Christgläubige [zur Verteidigung des Glaubens und des Königreiches Zypern] wegen Verlusts der Sprache ihre Sünden nicht bekennen können, aber Zeichen der Reue zeigen, so ist ihnen eine vollkommene Verzeihung all ihrer Sünden und ein vollkommener Nachlass einmal im Leben und einmal im Angesicht des Todes aufgrund apostolischer Autorität zuzugestehen. [In jedem Fall] ist von ihnen auch*

Südküste bei Pissúri mit Blick nach Pétra tu Romiú (Aphrodite-Felsen), dem mythischen Geburtsort von Aphrodite.

dann Buße zu leisten, wenn sie [im Kampf um Zypern] überleben sollten, oder von ihren Erben, wenn sie gestorben sein sollten. Gemäß der ihnen verliehenen Gnade [zu überleben] sollten sie dann ein Jahr lang jeweils am Freitag oder an einem anderen Tag fasten, vorausgesetzt, es gibt keinen kirchlichen Hinderungsgrund durch eine Ordensvorschrift oder durch ein Gelübde. Sind Gläubige im genannten Jahr oder in einem Teil desselben daran gehindert, sollten sie im folgenden Jahr oder zu einem anderen möglichen Zeitpunkt fasten. Und wenn sie die genannte Fastenübung nicht ohne Schwierigkeiten erfüllen können, ist der dafür zuständige Beichtvater befugt, diese in andere Werke der Barmherzigkeit umzuwandeln, welche die entsprechenden Christgläubigen dann auch vollbringen müssen... Als Beweis für die Wahrheit dieses Vorgangs wurde das dafür vorgesehene Siegel an diese Beweisurkunde gehängt. Gegeben zu Nürnberg im Jahre des Herrn 1455, am 24. Tag des Monats März.

Der Wortlaut des vollkommenen Ablasses und Sündennachlasses im Leben: Es erbarme sich deiner et cetera. Unser Herr Jesus Christus spricht dich aufgrund

Nordküste bei Kantára.

Seines heiligsten und gütigsten Erbarmens frei. Und durch Seine Autorität und diejenige der seligen Apostel Petrus und Paulus sowie durch die mir anvertraute und dir erwiesene Vollmacht des Heiligen Stuhles spreche ich dich frei. Ich spreche dich los von allen deinen Sünden, die du bereut, gebeichtet und vergessen hast; auch von allen Vorfällen, Vergehen, Verbrechen und Übeltaten, wie schwer sie auch sein mögen, selbst von solchen, die nur dem Apostolischen Stuhl vorbehalten sind. Ebenso spreche ich dich los von jeder Art von Strafen der Exkommunikation, der Suspension und des Interdikts und deren kirchlichen Verurteilungen, seien sie vom Kirchenrecht selbst oder von einem Menschen ausgesprochen worden. Solltest du in solche Verfehlungen geraten sein, so gebe ich dir einen vollkommenen Nachlass und die Vergebung all deiner Sünden, so weit die Schlüsselgewalt der heiligen Mutter Kirche in diesem Fall sich erstreckt. Im Namen des Vaters und des Sohnes und des Heiligen Geistes. Amen.

Der Wortlaut des vollkommenen Ablasses bei bevorstehendem Tod: Es erbarme sich deiner et cetera. Unser Herr. Ich spreche dich los von allen deinen bereuten,

Linke Seite
Oben Hafen von Kyrénia. *Unten* Karawanserei im türkischen Teil von Nikosía (s. auch Abb. S. 78).

Oben
Die Burg St. Hilárion (725 m) im Pendadháktylos-Gebirge.

gebeichteten und vergessenen Sünden. Ich gebe dich der Einheit der Gläubigen zurück und den Sakramenten der Kirche. Ich spreche dich los von den Strafen des Fegfeuers, die du wegen deiner Schuld und Vergehen auf dich geladen hast, und ich gewähre dir einen vollkommenen Nachlass aller deiner Sünden, so weit die Schlüsselgewalt der heiligen Mutter Kirche sich in diesem Fall erstreckt. Im Namen des Vaters, des Sohnes und des Heiligen Geistes. Amen.

Johannes de Ytstein, Doktor der heiligen Theologie, Notar der Zisterzienser, wurde für die genannte Urkunde abgeordnet. Andreas Irder, Notar des Klosters hat [diese Urkunde] geschrieben.

Übersetzt von Georg Kreuzer
(Das Original des Ablassbriefs wurde von Johannes Gutenberg gedruckt und befindet sich in der Dresdner Staatsbibliothek, Archiv Nr. 031V)

Krieg oder Frieden den Ungläubigen

Eine osmanische Überlieferung aus dem siebzehnten Jahrhundert

Die erwähnte Insel [Zypern] war seit langer Zeit in der Hand Venedigs. Während dieser Epoche waren zwar ein Friedensvertrag und gute Beziehungen vereinbart, doch befragt nach den ständigen Überfällen der Seeräuber dieser Insel auf die Schiffe von Pilgern und Kaufleuten, die nach Ägypten fuhren, leugneten sie alle ab und behaupteten, es handele sich um Schiffe aus Messina und Malta, die auf See diese Ruchlosigkeiten begingen. Als der Schatzmeister von Ägypten einmal unterwegs war, wurde sein Schiff gekapert und geplündert, und als man feststellte, dass die Zyprioten es gewesen waren, wurde ein Kriegszug gegen sie unausweichlich. Als man [den obersten Rechtsgutachter] Scheich-ul-Islam Ebu Su'ud Efendi um ein Fetva [Rechtsgutachten] bat, gab er folgendes Urteil ab:

>Das Problem: Wenn eine einstmals zum Gebiet des Islam gehörende Provinz später von den elenden Ungläubigen genommen wurde, diese die Medresen und Moscheen zerstört haben, sie [Zypern] mit den Zere-

Das ehemalige Prämonstratenser-Kloster Bellapais (s. auch S. 143).

monien des Unglaubens überziehen, den Islam beleidigen und ringsumher schlechte Manieren an den Tag legen und dann der Padischah, die Zuflucht der Religion, gemäß den Erfordernissen des Schutzes für den Islam seinen Offizieren befiehlt, das erwähnte Land aus den Händen der elenden Ungläubigen zu erobern und es dem Gebiet des Islam anzuschließen, steht dann gemäß der reinen Scharia der Annullierung des Vertrages etwas entgegen, weil die besagte Provinz [Zypern] Teil eines Vertrags ist, den man einst mit den Ungläubigen geschlossen hat, als andere unter ihrer Herrschaft stehende Provinzen friedliche Beziehungen unterhielten?

Die Antwort: *Dem steht in keiner Weise etwas entgegen. Der Padischah des Islam – Gott erhöhe Seine Helfer – soll von der Scharia her dann mit den Ungläubigen Frieden machen, wenn es zum Nutzen aller Muslime ist. Wenn dies nicht der Fall ist, so gibt es von Seiten der Scharia überhaupt keine Notwendigkeit dazu. Nachdem der Vorteil wahrgenommen worden war und nun, nach einem ewigen oder befristeten Vertrag, eine günstige Zeit gekommen ist, in der der Vertragsbruch vorteilhafter zu sein verspricht, gebietet es die Pflicht [Zypern zu erobern] und es ist eine Notwendigkeit, dies zu tun. Der Gesandte Gottes – Friede sei mit ihm – hat vom sechsten Jahr der Hidschra bis zum zehnten Jahr Frieden gehalten. Seine Exzellenz Ali – Gott möge ihm Ehre erweisen – hat einen Vertrag aufgesetzt, nachdem dieser bestätigt worden war, sah er im darauf folgenden Jahr, dass es vorteilhafter war, ihn zu brechen, und marschierte im achten Jahr der Hidschra los, um Mekka, die Erhabene, zu erobern. Seine Exzellenz, der Kalif des Herrn der Welten, geruhte, durch seine großherrliche Unternehmung dem edlen Brauch des erlauchten Gesandten Gottes nachzueifern. Dies schrieb der Untertänige Ebu-Su'ud.*

Daraufhin wurden auf großherrlichen Befehl Schiffe gebaut, die wichtigsten Dinge besorgt, an den Anlegestellen der geschützten Länder [des Osmanischen Reiches] reichlich Proviant angehäuft und von den Wesiren der fünfte Wesir, Lala Mustafa Pascha, als Generalfeldmarschall über das [Expeditions-] Heer eingesetzt ...

Aus: Tuhfetü'l-Kibar fi esfari'l-bihar von Katib Çelebi (Hacci Halifa; 17. Jh.); übersetzt von Korkut Bugday, Universität Hamburg

Auf Zypern bereitete man sich mit aller Kraft auf die bevorstehende Invasion der Osmanen vor. Mit letzten Anstrengungen wollte man die Insel vor einem Angriff sichern. Nikosía, Kyrénia und Famagústa wurden zu Festungen umgebaut. Die veralteten Burgen auf der Kyrénia-Bergkette dagegen wurden eingerissen, damit die Feinde sich ihrer nicht bedienen konnten. Zwar wurden die neuen Bastionen von Nikosía nicht rechtzeitig fertig, doch Famagústa hatte ein neues Bollwerk sowie eine See- und Nordmauer erhalten und Kyrénias Kastell schien uneinnehmbar. Doch nicht nur ihre zahlenmäßige Überlegenheit – rund 10 000 Venezianer standen den angeblich bis zu 200 000 Angreifern gegenüber – begünstigte die Osmanen. Verheerend war, dass sich die Venezianer in ihren Bastionen verschanzten und gar nicht erst versuchten, die Landung der osmanischen Flotte bei Límassol im Juli 1570 zu verhindern. Katastrophal für die christlichen Feudalherren war schließlich das Taktieren der Entsatzflotte, die, statt den Verteidigern schleunigst zu Hilfe zu eilen, nach dem Fall Nikosías gen Heimat abdrehte.

Die Osmanen konnten in aller Ruhe landen und ihre Truppen sowie schwere Geschütze gegen die Hauptstadt Nikosía in Stellung bringen. Umstritten ist dabei die Rolle der Zyprioten, die von den Venezianern unterdrückt worden waren. Nach manchen Berichten halfen sie den europäischen Verteidigern; andere Quellen behaupten, die Inselbewohner hätten den Angreifern gar den Weg nach Nikosía gewiesen, um möglichst rasch die Herrschaft der ungeliebten alten Feudalherren zu beenden.

Am 25. Juli 1570 begann die Belagerung Nikosías. Die als „ideale Stadtbefestigung" gepriesene Anlage des venezianischen Festungsbaumeisters Giulio Savorgnano (1567-1570) erwies sich als durchaus verwundbar. Die Burgwälle waren zu flach errichtet, so dass die Feinde sie ersteigen konnten. Sechs Wochen vermochten sich die Venezianer zu halten. Doch am neunten September begann der Sturm auf die Stadt und damit das schreckliche Blutbad. Verschiedene Quellen sprechen von 15000 bis 20000 Toten. Kyrénia kapitulierte anschließend kampflos. Nach der Eroberung von Nikosía zogen die Truppen des Sultans weiter nach Famagústa. Doch diese Stadt trotzte den Belagerern zehn Monate lang. Durch ein ausgedehntes Netz tiefer und breiter Angriffsgräben näherten sich die osmanischen Truppen immer dichter den schier unbezwingbaren Mauern. Den wenigen Verteidigern gingen schließlich Nahrung und Munition aus. Die Bastionen lagen zum Teil in Trümmern. Ob nun wirklich 80000 Türken bei dem Angriff ihr Leben lassen mussten, bleibt dahingestellt. Militärbeobachter neigten immer schon zum Übertreiben.

Am 1. August 1571 kapitulierte Famagústa unter der Bedingung des freien Abzugs der Garnison. Doch der osmanische Kommandeur Lala Mustafa Pascha brach sein Versprechen: Die Stadt wurde geplündert, die feindlichen Soldaten wurden niedergemetzelt. Wer überlebte, kam als Sklave auf die Galeeren. Dem venezianischen Oberbefehlshaber Marcantonio Bragadino wurden zunächst Nase und

Die Greenline in Nikosía vom türkischen Teil der Stadt.

Ohren abgeschnitten und dann – vor seinem eigenen Amtsgebäude – bei lebendigem Leib die Haut abgezogen. Die ausgestopfte Haut wurde von den Siegern mitsamt dem Kopf im Triumphzug zur Hohen Pforte nach Istanbul gebracht.

Die Epoche europäischer Feudalherrschaft auf Zypern war beendet. Der rote Halbmond wehte fortan über der Mittelmeerinsel; und es half ihr nicht, dass der osmanischen Expansion am 7. Oktober 1571 durch den Seesieg bei Lepanto von Don Juan d'Austria ein Ende gesetzt wurde.

Osmanische Herrschaft

Für die Zyprioten begann 1571 die osmanische Herrschaft zunächst unter guten Vorzeichen: Die harten venezianischen Steuern und Abgaben wurden drastisch reduziert, teilweise um bis zu vier Fünftel. Zugleich schafften die neuen Herren das Feudalsystem ab: Leibeigene wurden zu freien Bauern auf ihrem eigenen Land, das sie günstig erwerben konnten. Und schließlich erhielt der griechisch-orthodoxe Klerus seine angestammten Rechte zurück. Ein Erzbischof und drei Bischöfe

Die Greenline in Nikosía vom griechischen Teil der Stadt.

durften die christlichen Gemeinden wieder betreuen. Die Toleranz gegenüber der orthodoxen Kirche entsprach nicht etwa einer Laune des Sultans, sondern war eine der tragenden Säulen des osmanischen Vielvölkerstaats. Im Mille-System, das Religions- und Volksgemeinschaft gleichsetzte, war neben dem Islam allen anderen Religionen Autonomie zugesichert. Der griechisch-orthodoxe Erzbischof avancierte so zum Ethnarchen, dem Oberhaupt seiner Volksgruppe in allen geistlichen wie zahlreichen weltlichen Angelegenheiten. Jede religiöse Gruppe bekam quasi den Status einer eigenen Nation. Der Patriarch von Konstantinopel wurde zum Repräsentanten eines „Staates im Staate“ und ein Gebieter über ein Volk ohne Staatsraum. Nur die Muslime genossen das zweifelhafte Vorrecht des Waffentragens und des Kriegseinsatzes. Dafür mussten sämtliche nicht-muslimische Untertanen des Sultans doppelte Steuersätze und die Kopfsteuer (Kharadj) zahlen.

Ab 1660 war der Erzbischof neben dem ebenfalls christlichen Dragoman der offizielle Vertreter der griechisch-orthodoxen Christen auf Zypern. Der Posten des Dragoman – die Bezeichnung bedeutet eigentlich „Dolmetscher“ – war dem eines Zivilverwalters vergleichbar. In enger Zusammenarbeit mit den Bischöfen war der Dragoman eine der einflussreichsten Personen Zyperns. Die Kirche beschloss aufgrund ihrer Registratur in den Pfarrgemeinden die Höhe der Steuern, die der Dragoman einziehen musste, um sie pünktlich an die Hohe Pforte weiterzuleiten. Sein Amt brachte ihm viele Privilegien und musste durch ein Patent des osmanischen Hofes bestätigt werden.

Der Dragoman – Ein osmanischer Text über seine Amtsführung

Der sich an meinem Hof aufhaltende Führer der Emire des Christentums, [Baron Van de Vem Van de Gilder], Botschafter der Niederlande – Gott möge ihm ein gutes Ende bescheren – hat zu meinem glücklichen Thron eine versiegelte Bittschrift geschickt, derzufolge der beim niederländischen Konsul auf der Insel Zypern zugelassene Dragoman [Artin], Sohn von [Avak], Asyl erhielt, da er einen Mord begangen haben soll. Aufgrund des Verlusts seiner Dolmetscherberechtigung wurde an seine Stelle sein leiblicher Sohn Jakob durch großherrliches Siegel zum Dolmetscher erwählt und eingesetzt; und er hat darum gebeten, dass ihm, gemäß imperialem Abkommen, ein Patent übergeben werde. Wie es gemäß dem hoheitlichen Abkommen schon immer üblich war, gebe ich ihm hiermit dieses siegreiche Siegel. Und ich befehle hiermit, dass der oben genannte Jakob, Sohn des Artin, dieses Mal, wie es in meinem Befehl erwähnt ist, als Dolmetscher tätig werde. Er darf sich nicht in einer anderen Provinz aufhalten, in den Karawansereien und Geschäften keine Tätigkeit ausüben, im Landesinneren nicht als Bürgermeister oder Steuerpächter auftreten oder ähnliche Aufgaben ausüben und sich nicht in Angelegenheiten der Region und Angelegenheiten der Kaufleute einmischen und sich ferner nicht außerhalb des Landes [der Insel] aufhalten, dessen Dolmetscher er ist. Wenn er diesen Bedingungen zuwiderhandeln sollte, dann soll sein Patent gestrichen und seine Dolmetschertätigkeit annulliert werden. In diesem Falle soll an seine Stelle ein Dolmetscher eingesetzt werden, der die genannten Bedingungen befolgt. Mit der Bedingung, dass dies seinem Gesandten mitgeteilt wird, soll er die Tätigkeit als Dragoman antreten. Der Dragoman und seine Söhne und zwei Diener, denen meine verschiedenen erhabenen Befehle erteilt worden sind, sollen nicht mit Steuern, Abgaben, Schlachtsteuer sowie weiteren gewöhnlichen indirekten Steuern und Requirierungen geschädigt werden. Keiner darf Steuern und Abgaben von ihm verlangen mit dem Vorwand, er habe Diener und Dienerin eingestellt. Keiner soll sich an seiner Kleidung, seinen Möbeln, Nahrungsmitteln und Getränken vergreifen. So wie es seit alter Zeit üblich ist, dürfen von ihm nicht Zoll und Abgaben gefordert werden. Und er soll nicht geschädigt werden, indem in sein Haus Soldaten einquartiert werden; und von dem Sirup, den er aus seinem Garten herstellt, soll, wie es seit jeher üblich ist, keine Fasssteuer verlangt werden. Man soll wissen, dass er und seine Nachkommen und seine Dienerinnen von der Bodensteuer, der Sondersteuer und der Schlachtsteuer befreit sind. Dabei sei hervorgehoben, dass außer den Häusern und sondersteuerpflichtigen Immobilien und Grundstücken, die sich in der Hand der oben Erwähnten befinden, auch die Wein- und Obstgärten der von ihnen bewohnten Häuser vollständig steuerfrei sind.

Wenn jemand mit dem genannten Dolmetscher in Streit gerät, so soll gemäß dem in seinem Besitze befindlichen hoheitlichen Abkommen bei einem Streitwert, der viertausend Akçe überschreitet, der Fall an meinen glücklichen Hof verwiesen und an keinem anderen Ort gehört werden. Falls er irgendwann notwendigerweise irgendwo hinzugehen hat, soll er gemäß der gegebenen neuen Regelung schnell hingehen und zurückkommen. Niemand soll ihn, seine Kleidung, sein Geld und Verpflegung sowie die ihn begleitenden Personen wegen des Botengelds oder aus anderen Gründen bei der Hin- und Rückfahrt behelligen oder angreifen, weder auf dem Festland noch auf dem Meer oder den Reisestationen. Überall, wo er hinkommt und seine Verpflegung zum festgesetzten Preis kaufen will, soll sich niemand entziehen und mit ihm streiten. An furchtbaren und gefährlichen Orten soll er um seinen Kopf weißen Stoff wickeln, und falls er Schwert, Pfeil, Bogen, Speer und Kriegsgerät mit sich trägt, sollen die Kadis oder irgendeine andere Person ihn nicht beleidigen oder kränken. Er soll gemäß hoheitlichem Abkommen und üblicher Regelung geschützt und unterstützt werden, und diejenigen, die ihn anfeinden oder angreifen wollen, sollen daran gehindert und vertrieben werden. Es soll immer gemäß dem erhabenen Inhalt dieses hoheitlichen Zeichens verfahren werden, und ihr sollt Verstöße dagegen nicht hinnehmen. Ihr sollt es wissen und dem edlen Siegel Vertrauen schenken.

Geschrieben am achten Tag des Monats Sevval des Jahres 1211 [April 1797] in der geschützten Hauptstadt Kostantiniyye [Konstantinopel/Istanbul].

Aus: Tot 1811, nr. 1094, im holländischen Staatsarchiv „Legasie Türkiye“; übersetzt von Nemat Rahmati, Universität Hamburg

Oben Innenhof des Klosters Kýkko (s. auch S. 99).
Unten Platía in Òmodhos.

Rechte Seite
Oben Eingang zum Kloster Kýkko.
Mitte und unten Ehemaliges Wohnhaus des Staatspräsidenten und Erzbischofs Makarios III. in Panajiá nahe dem Kloster Kýkko im Tróodhos-Gebirge.
Rechts Ikonostás in der Klosterkirche von Kýkko (s. auch Abb. s. 99).

Weg in die Neuzeit

Der griechische Unabhängigkeitskampf, der 1829 erfolgreich zu Ende ging, markiert den Beginn des raschen Abstiegs des einst so blühenden Osmanischen Reiches zum „kranken Mann am Bosporus“. Schon seit der Niederlage im Krieg gegen Russland (1768–1774) befand sich die Hohe Pforte in labilem Zustand. Der russische Druck auf Istanbul verstärkte sich fortwährend, zugleich bedrohten die nationalen Aspirationen auf dem Balkan – bis heute Achillesferse Europas – als eine Folge der Französischen Revolution die Existenz des Vielvölker-

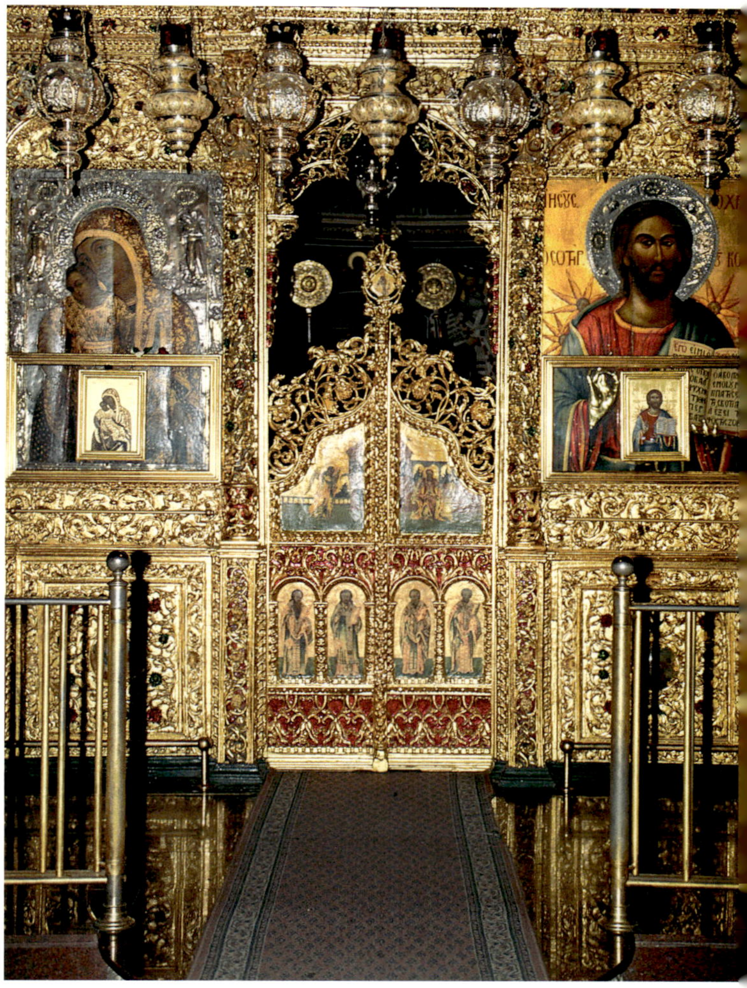

staats. Wirtschaftliche Schwierigkeiten und technische Rückschrittlichkeit des einstigen osmanischen Weltreichs kamen hinzu. In Europa hingegen erregten der Zustand des Osmanischen Reichs und das Vordringen Russlands in Richtung Mittelmeer die Besorgnis der Großmächte. Vor allem England sah seine Handelswege (hauptsächlich die nach Indien) bedroht. 1878 entschloss sich London deshalb zur Unterzeichnung eines militärischen Beistandspakts mit Istanbul. Die „Convention of Defensive Alliance“ sollte eine weitere Expansion Russlands stoppen, außerdem machte sie die Engländer für knapp ein Jahrhundert zu den neuen

Machthabern über Zypern. Vertraglich wurde festgehalten:

... um England instand zu setzen, die notwendigen Vorbereitungen zur Erfüllung seiner Verpflichtung zu ermöglichen, willigt Seine Kaiserliche Majestät der Sultan weiterhin darin ein, zu bestimmen, dass die Insel Zypern von England besetzt und verwaltet wird.

So kamen die Zyprioten zu einer neuen Obrigkeit. Am 12. Juli 1878 erreichte die englische Flotte den Hafen von Lárnaka. Mehr als 300 Jahre osmanischer Herrschaft waren damit beendet.

Knapp 100 Jahre, von 1878 bis 1969, war Zypern unter britischer Herrschaft, bis die Insel am 16. August 1960 in die Unabhängigkeit entlassen wurde. Doch die junge Republik mit ihrer griechisch-zypriotischen Majorität und ihrer türkisch-zypriotischen Minderheit stand vom Anfang an im Zeichen brüchiger Kompromisse. Am 20. Juli 1974 folgte die türkische Invasion im Nordteil der Republik.

Jahrzehntelang kämpften die griechischen Zyprioten für die Wiedervereinigung ihrer Insel. Am 24. April 2004 hatte ganz Zypern durch den von der UNO ausgearbeiteten Plan die Chance, sich auf dem Wege einer Volksabstimmung für eine Lösung zu entscheiden. Das Ergebnis war unerwartet und für viele Menschen in Europa enttäuschend: Nicht die türkischen Zyprioten stimmten dagegen, sie waren voller Begeisterung mit 64,9 % für die vorgeschlagene Lösung. Nein, die griechischen Zyprioten stimmten mit einer überwältigenden Mehrheit von 75,9 % gegen den Annan-Plan, da nach den Worten des zypriotischen Präsidenten Tassos Papadopoulos viele wichtige Interessen der griechischen Zyprioten unberücksichtigt blieben. „Wir wollen ein konstruktiver Partner in der Europäischen Union sein", sagte der Präsident, „und nicht ein Land, das ständig Ärger macht. Dies ist der Hauptgrund, warum die griechischen Zyprioten den Annan-Plan so deutlich abgelehnt haben. Denn bei der Umsetzung wären wir kein starker Mitgliedstaat gewesen".

Die Zyprioten verglichen diesen Plan mit der ihnen durch die internationale Gemeinschaft aufgezwungenen Verfassung bei der Gründung ihres Staates im Jahre 1960, mit der das Land praktisch unregierbar geworden ist. Ein Dorn im Auge der griechischen Zyprioten bildet die Tatsache, dass die Türkei – nach dem Annan-Plan – fortdauernde Interventionsrechte behält, die, verglichen mit den Verträgen von 1960, sogar erweitert würden.

Besonders besorgt sind die griechischen Zyprioten darüber, dass in dem UN-Plan keine Sanktionen vorgesehen sind für den Fall, dass die Türkei sich nicht an die vertraglichen Verpflichtungen wie Rückgabe von Land und Übergabe von Städten und Dörfern innerhalb von dreieinhalb Jahren halten

Linke Seite
Zypriotische Köstlichkeiten *(von oben nach unten)*
Schuschúko, aus Traubensaft und Mandel hergestellter „Weingummi“.
Reiche Erdnussernte.
Erdnussfelder. Erdnüsse wachsen, wie es der Name sagt, unter der Erde. Die Stauden ähneln Kartoffelpflanzen.
Osterbäckerei: Launes, ein salziges Gebäck mit Käsefüllung.

sollte. Enttäuscht war man auch darüber, dass die Türkei das Recht erhalten sollte, türkische Truppen ständig in der Republik zu stationieren. Diese sollten zwar mit einem eventuellen EU-Beitritt der Türkei auf 650 Soldaten beschränkt bleiben, dennoch schien das für einen unabhängigen, souveränen Staat und Mitglied der EU kaum zumutbar.

Durch die Ablehnung des UN-Plans hat die EU ein schwerwiegendes Problem bekommen: Das Mitgliedsland Zypern ist im Norden von der Türkei besetzt, das gleichzeitig NATO-Partner ist. Diese schwere zypriotische Hypothek muss die EU in den nächsten Jahren bewältigen, vielleicht ist es aber auch eine Chance, dass die künftige Lösung auf Zypern ein Stück europäischer ist, als es der UN-Plan jetzt vorgesehen hat.

Oben
Ostergottesdienst in Keláki.

Links
Nach 1974 aus Anatolien in den türkisch besetzten Teil Zyperns eingewanderte Siedlerin.

Oben
Priester aus Mutullás beim Tavlispiel.

Frühling auf Zypern.
Oleander im Tal, das vom
Frauenkloster Herakleídhos
zum Kloster Macherá führt.

Personenregister

Kreuzritterburg St. Hilárion im Pendadháktylos-Gebirge (s. auch S. 161).

Ortsregister

Kursive Seitenangaben verweisen auf Abbildungen

Weiterführende Literatur

Baedeker, Karl: *Konstantinopel, Balkanstaaten, Kleinasien Archipel, Cypern,* 2. Aufl. Leipzig 1914. Reiseführer der Zeit.

Bank of Cyprus Cultural Foundation: *Maps and Atlases,* Nicosia 1989. Katalog mit zahlreichen Abbildungen.

Clogg, Richard: *A Short History of Modern Greece,* Cambridge 1987. Standardwerk zur modernen griechischen Geschichte.

Cobham, C. B.: *Excerpta Cypria,* Cambridge 1969; Reprint der Ausgabe von 1908. Zusammenstellung historischer Berichte über die Insel.

Daszewski, Wiktor A.: *Dionysos der Erlöser. Griechische Mythen im spätantiken Cypern,* Mainz 1985. Umstrittene Interpretation des Dionysos-Mosaiks in Páfos (s. Deckers).

Deckers, Johannes G.: *Dionysos der Erlöser?* In: Römische Quartalsschrift, Band 81, Heft 3-4, Rom 1986. Gegenposition zur Interpretation von Daszewski (s. oben).

Dixon, W. Hepworth: *British Cyprus,* London 1879. Reisebeschreibung aus der Zeit kurz nach der britischen Übernahme Zyperns.